Seimert
Photoshop Elements

D1729632

Winfried Seimert

Photoshop
Elements

echt einfach

Das kinderleichte Computerbuch

Mit 174 Abbildungen

Die Deutsche Bibliothek – CIP-Einheitsaufnahme

Ein Titeldatensatz für diese Publikation ist bei
Der Deutschen Bibliothek erhältlich

Wichtiger Hinweis

Alle Angaben in diesem Buch wurden vom Autor mit größter Sorgfalt erarbeitet bzw. zusammengestellt und unter Einschaltung wirksamer Kontrollmaßnahmen reproduziert. Trotzdem sind Fehler nicht ganz auszuschließen. Der Verlag und der Autor sehen sich deshalb gezwungen, darauf hinzuweisen, daß sie weder eine Garantie noch die juristische Verantwortung oder irgendeine Haftung für Folgen, die auf fehlerhafte Angaben zurückgehen, übernehmen können. Für die Mitteilung etwaiger Fehler sind Verlag und Autor jederzeit dankbar.
Internet-Adressen oder Versionsnummern stellen den bei Redaktionsschluss verfügbaren Informationsstand dar. Verlag und Autor übernehmen keinerlei Verantwortung oder Haftung für Veränderungen, die sich aus nicht von ihnen zu vertretenden Umständen ergeben.
Evtl. beigefügte oder zum Download angebotene Dateien und Informationen dienen ausschließlich der nichtgewerblichen Nutzung. Eine gewerbliche Nutzung ist nur mit Zustimmung des Lizenzinhabers möglich.

Herausgeber: Natascha Nicol / Ralf Albrecht

Satz: Nicol/Albrecht, Frankfurt
Druck: Offsetdruck Heinzelmann, München
Printed in Germany - Imprimé en Allemagne.

ISBN 3-7723-6906-5

Vorwort

Möchten Sie gerne schnell und ohne Frust mit Photoshop Elements Ihre Bilder bearbeiten lernen? Dann ist dieses Buch genau das richtige für Sie. Sie werden hier Schritt für Schritt mit vielen anschaulichen Beispielen an das Arbeiten mit Photoshop Elements herangeführt.

Wie in allen **echt-einfach**-Büchern gibt es eine Comicfigur als Führer, die Ihnen über die ersten Klippen beim Programmieren hilft. Sie steht Ihnen mit Tips und Tricks zur Seite und ermöglicht so einen problemlosen Einstieg.

Die **kinderleichten Computerbücher** der echt-einfach-Reihe sind keineswegs Kinderbücher. In diesem Buch werden Funktionen und Möglichkeiten des Arbeitens mit Photoshop Elements kompetent erklärt. Dabei konzentrieren sich die Autoren auf das, was Sie wirklich brauchen. Überflüssiger Ballast wird weggelassen.

Ohne PC-Chinesisch oder Technogeschwafel, dafür aber leicht verständlich, ermöglicht Ihnen dieses echt-einfach-Buch sehr schnell den sicheren Umgang mit dem Computer.

Inhaltsverzeichnis

1 Willkommen in der Welt der Bilder

Herzlich willkommen bei *Photoshop Elements*.

Dieses Programm zeichnet sich dadurch aus, dass es von Adobe, dem Ausrüster der Grafikprofis schlechthin kommt und sich verstärkt Privatanwendern zuwendet. Dabei erfüllt es die hohen Qualitätsansprüche, die man von dem „großen" Bruder *Adobe Photoshop* her kennt, ohne dabei allerdings die überaus komplexe Bedienoberfläche und den Anschaffungspreis aufzuweisen.

Auf den ersten Blick ähnelt *Elements* der teuren Profiversion. Da jedoch die meisten Werkzeuge wesentlich einfacher aufgebaut sind, reduziert sich die Einarbeitungsphase gegenüber *Adobe Photoshop* deutlich. In erster Linie ist das Programm auch als Werkzeug für Hobbyfotografen und Anwender ohne Profiambitionen gedacht, die hauptsächlich die Nachbearbeitung von Digitalfotos sowie die Bearbeitung von Grafiken und Bildern fürs Web im Auge haben. So verzichtet das Programm auf einen übergroßen Funktionsumfang und Merkmale der Profiversion, die meist nur von professionellen Grafikern verwendet werden. Der Funktionsumfang und auch die Bedienung von *Photoshop Elements* ist mehr als ausreichend. Dies gilt beispielsweise für die vorhandenen Retuschewerkzeuge, die in keiner Weise dem größeren Pendant nachstehen. Es ist so gut wie alles an Bord, was man zur perfekten Fotoretusche benötigt. Sie können beispielsweise – teils automatisch – Fehlbelichtungen korrigieren, rote Augen aus Blitzlichtaufnahmen entfernen oder gar Einzelaufnahmen zu fantastischen Panoramabildern verschmelzen und diese dann mithilfe eines eingebauten Bildbrowsers betrachten. Als fortgeschrittener Anwender werden Sie sich später über die Möglichkeit freuen, mit Ebenen arbeiten zu können und auf die große Anzahl grundlegender Webfunktionen zurückgreifen. So vermag *Photoshop Elements* beispielsweise GIF-Animationen zu erstellen oder Bildateien internetgerecht zu komprimieren.

Sie werden sehen: Dieses Programm verfügt über eine Vielzahl an Funktionen, auf die Sie in Hinblick auf die Bearbeitung Ihrer digitalen Bilder schon lange gewartet haben. Mit *Elements* können Sie viele Dinge selber machen, die Sie sich sonst teuer erkaufen müssten. Denken Sie nur einmal an die vielen Bilder, Collagen oder Foto-CDs mit denen Sie Ihre Lieben überraschen können. Entdecken Sie mit Horst, Ihrem virtuellen Begleiter durch das Buch, die aufregende Welt von *Photoshop Elements*!

1.1 Horst, Ihr Begleiter

Servus! Darf ich mich kurz vorstellen? Mein Name ist Horst und ich freue mich, dass ich Sie durch dieses Buch begleiten darf. Ich bin Hobbyfotograf aus Leidenschaft und stöbere in meiner Freizeit – immer auf der Suche nach neuen Motiven – mit meiner Kamera durch die Gegend. Mittlerweile hat sich da eine ganze Menge an Bildern angesammelt. Nicht zuletzt deswegen, weil ich mir vor ein paar Wochen eine Digitalkamera angeschafft habe und deren Möglichkeiten kräftig ausprobierte. Nachdem ich eine Reihe von Bildern gemacht und diese an meinem PC betrachtet hatte, kam rasch der Wunsch auf, das eine oder andere ein bisschen nachzubearbeiten. So hatte ich in einer Computerzeitschrift gelesen, dass das Bearbeiten von digitalen Bildern gar nicht so schwer sei.

Tatsächlich war meiner Kamera eine CD mit Software beigelegt, die versprach, schöne Bilder im Handumdrehen zu erstellen. Doch nachdem ich sie installiert hatte, erschlug mich ein Wust an Menüs, die zudem noch in englischer Sprache daher kamen. Frustriert ging ich daraufhin zu meinem Computerhändler und schilderte ihm mein Leid. Von ihm bekam ich dann den Tipp, der alles verändern sollte. Er gab mir den Rat, es einmal mit *Photoshop Elements* zu versuchen. Es würde sich dabei um den kleinen Bruder eines Programms handeln, das bei Profis als Standard gälte, nur ein Zehntel dessen kosten würde, relativ einfach zu erlernen sei und in Sachen Qualität nichts nachstehe.

Angesichts dieser Argumente schlug ich zu und in Nullkommanix war es auf meinem Rechner installiert. Und tatsächlich – er hatte nicht zu viel versprochen. Nachdem ich mich eine Weile damit beschäftigt hatte, merkte ich, was ich da Geniales auf der Festplatte installiert hatte. Die ersten Schwierigkeiten waren schneller überwunden, als ich es mir hätte träumen lassen. Ich denke, da wird es Ihnen nicht viel anders ergehen. Sie werden staunen, wie Sie in kurzer Zeit Ihre Bilder auf Vordermann bringen werden und bald werden Sie sicherlich eine ganze Menge an eigenen Ideen entwickeln, die Sie mithilfe von *Photoshop Elements* umsetzen.

Ach ja, ehe ich es vergesse: Sie werden an ganz bestimmten Stellen im Buch immer mal Fotos von mir sehen. Ich finde mich ja nicht so gut getroffen und hätte sie am liebsten retuschiert. Aber Sie werden schnell merken, dass sich dahinter eine Menge an zusätzlichen Informationen für Sie verbirgt.

Ein Tipp oder Trick

Wenn Sie mich so strahlen sehen, dann lohnt es sich ganz bestimmt, den Hinweis an dieser Stelle genauer zu lesen. So habe ich nämlich interessante Tipps für Sie gekennzeichnet, die Ihnen den Umgang mit *Photoshop Elements* erleichtern.

Warnung

Na, und wenn ich so erschrocken aussehe, dann müssen Sie mit einer kleinen Schwierigkeit rechnen. Schauen Sie dann einfach mal ein bisschen genauer hin und Sie werden sehen, dass es meistens gar nicht so schwer ist.

Doch genug der Vorrede, jetzt sind Sie bestimmt neugierig, was Sie alles lernen werden!

1.2 Das werden Sie lernen!

Das Buch beginnt mit einem kleinen Bummel durch *Photoshop Elements*, bei dem Sie sich mit dem Programm vertraut machen können und das grundlegende Handwerkszeug lernen. Anschließend werde ich Sie mit ein paar grundlegenden Einstellungen und Arbeitsschritten, die Sie im täglichen Umgang mit dem Programm benötigen, vertraut machen.

Im darauf folgenden Kapitel erfahren Sie, woher die vielen Bilder kommen. Genauer, wie Sie fertige Bilder von der Festplatte oder einer Foto-CD in das Programm laden können. Ferner werden Sie lernen, wie man direkt aus *Photoshop Elements* Bilder einscannen oder von einer Digitalkamera übernehmen kann.

Dann erfahren Sie, wie Sie die Bilder bearbeiten können. Sie werden sehen, wie man den richtigen Durchblick bekommt, Ränder entfernt, Bilder gerade rückt oder die Bildgröße optimiert.

Wie die Farbe ins Spiel kommt, erfahren Sie im fünften Kapitel. Insbesondere erkläre ich Ihnen, wie das Farbmanagement des Programms funktioniert und wie Sie Bilder konvertieren, also anpassen können.

Im nächsten Kapitel geht es gleich darum, wie Sie Ihre Bilder verbessern können. So werden Sie erfahren, wie man Bilder begutachtet, welche Schlüsse man daraus zieht und wie man diese Bilder verbessern kann. Sie werden gezeigt bekommen, wie Sie den Tonwert verändern, was es überhaupt damit auf sich hat, was man bei Kontrasten beachten muss, wie man Farbfehler korrigiert und Lichtproblemen auf die Sprünge hilft.

Wie Sie mit Ihren vielen bearbeiteten Bildern an die Öffentlichkeit treten können, erfahren Sie dann in Kapitel 7. Hier bekommen Sie erläutert, wie Sie die Bilder auf der Festplatte und für das Internet abspeichern, welche Vorkehrungen Sie für den Ausdruck auf Papier treffen müssen und nicht zuletzt, wie Sie eine Foto-CD anlegen können.

Flugs im nächsten Kapitel angekommen, werden Sie zunächst lernen, wie man bestimmte Bildbereiche freistellt. Dabei werden Ausschnitte des Bildes isoliert, um sie besser bearbeiten zu können. Dann werde ich Ihnen zeigen, wie man am besten dabei vorgeht und welche Tücken das Freistellen haben kann.

Im darauf folgenden Kapitel erfahren Sie alles zum Thema Retuschieren und Montieren. So werden Sie sehen, wie man störende Bildelemente entfernt, geknickte, zerkratzte oder beschädigte Bilder nachbessert, was man gegen rote Augen machen kann, wie man aus mehreren Aufnahmen eine eindrucksvolle Panoramaaufnahme erstellt und wie Sie Bildelemente aus verschiedenen Bildern zu einem neuen Bild montieren können.

In Kapitel 10 beschäftigen wir uns dann mit Filtern. Sie werden gezeigt bekommen, wie man mit Filtern arbeitet, welche Rolle dabei Ebenen spielen und wie man effizient damit arbeitet, was konstruktive und destruktive Filter sind und wie man sie für die Bildverbesserung einsetzt.

Im vorletzten Kapitel erfahren Sie, wie Sie Ihre Bilder mithilfe von Grafiken aufpeppen können. Nachdem Sie den Unterschied zwischen Malen und Zeichnen erläutert bekommen haben, werden Sie sehen, wie mühelos Sie eigene Objekte einfügen und mit Farben versehen können.

Im letzten Kapitel greife ich noch einmal tief in die Trickkisten und zeige Ihnen, wie Sie Ihre Bilder durch so genannte Effekte zu einem unvergesslichen Eindruck machen können. Sie werden sehen, wie man verblüffende Bildeffekte erzielt und wie durch raffinierte Texteffekte die langweiligsten Bilder aufgepeppt werden können.

1.3 Die CD zum Buch

Auf der CD finden Sie eine Testversion von *Photoshop Elements*, mit der Sie das Programm 30 Tage lang ausprobieren können. Die Installation ist denkbar einfach: Schieben Sie die CD in Ihr CD-Laufwerk, warten Sie einen Moment, bis Ihr Browserprogramm automatisch startet, klicken Sie auf den blau unterstrichenen Schriftzug „Adobe Photoshop Elements 30-Tage-Testversion". Daraufhin wird ein Dialogfenster angezeigt. Klicken Sie bei *Win-*

dows XP auf die Schaltfläche Öffnen, bei *Windows 98* oder *NT* aktivieren Sie die Option Das Programm von diesem Ort ausführen und klicken Sie dann auf OK. Folgen Sie im Weiteren zur Installation den Hinweisen auf dem Bildschirm.

Außerdem finden Sie die im Buch behandelten Beispiele ebenfalls auf der CD. Klicken Sie dazu auf der Startseite der CD einfach auf die jeweiligen blau hervorgehobenen und unterstrichenen Kapitelbezeichnungen.

1.4   So finden Sie sich zurecht!

Sicherlich möchten Sie sofort mit *Photoshop Elements* loslegen und möglichst wenig mit sonstigen Dingen beschäftigt sein. Deshalb habe ich mir ein System für Sie ausgedacht, welches Ihnen den Umgang mit diesem Buch erleichtern wird:

Namen und Bezeichnungen von Programmen werden *kursiv* in den Text aufgenommen. Meldungen und Texte von *Photoshop Elements* oder von *Windows* in Menüs, Befehlen, Dialogfeldern und Kontrollelementen finden Sie stets in dieser Schrift formatiert. Alle anderen Texte, insbesondere jene, die Ihnen anzeigen, dass Sie hier etwas eingeben müssen, werden in einer `Schreibmaschinenschrift` dargestellt.

An einigen Stellen des Buches werden Sie zudem Häkchen im Text finden. Diese fordern Sie zur Mitarbeit auf und zeigen Ihnen, wie Sie

☑   Schritt für

☑   Schritt zum Ziel gelangen.

So, das war es eigentlich an Vorbereitungen. Dann wollen wir doch gleich mal unseren kleinen Bummel durch *Photoshop Elements* unternehmen.

Dabei wünscht Ihnen viel Spaß und Erfolg

Ihr *Horst*

2 Ein Bummel durch Photoshop Elements

Schön, dass Sie meiner Aufforderung zu einem kleinen Bummel durch *Photoshop Elements* gefolgt sind. Wir werden uns erst einmal ungezwungen die Sehenswürdigkeiten des Programms anschauen und ich werde Ihnen zeigen, wie Sie erfolgreich damit arbeiten und die anfänglichen Tücken schnell meistern können. Bald schon werden Sie sich ebenso schnell durch das Programm bewegen wie ich und sich mit Sicherheit nach einiger Zeit fragen, warum Sie nicht viel eher mit diesem fantastischen Programm gearbeitet haben.

Also dann, nehmen Sie sich ein bisschen Zeit. Ach ja, damit Sie wissen, auf was Sie sich einlassen, will ich es Ihnen schon mal verraten. Sie werden erfahren,

☐ wie Sie Photoshop Elements starten und was dabei passiert,

☐ welche grundlegenden Einstellungen man vornehmen sollte, damit ein unbeschwertes Arbeiten möglich ist,

☐ was es mit den vielen Komponenten auf dem Bildschirm auf sich hat und welche Bedeutung sie haben, und

☐ wie Sie das Programm beenden.

So, genug der Vorreden, lassen Sie uns beginnen.

2.1 So starten Sie Photoshop Elements

Ich gehe mal davon aus, dass Sie Ihren Computer bereits eingeschaltet haben und nun gespannt warten, was Sie als Erstes tun müssen. Na, das ist ganz einfach. Wie jedes Programm unter *Windows*, muss *Photoshop Elements* erst einmal gestartet werden, damit Sie damit etwas tun können. Je nachdem, welches Betriebssystem Sie verwenden, kann sich der Vorgang zunächst etwas unterschiedlich gestalten.

☑ Klicken Sie zunächst auf die Schaltfläche START, die Sie ganz unten links – auf der so genannten Taskleiste – auf Ihrem Bildschirm finden. (Verwenden Sie *Windows XP*, dann finden Sie unter Umständen das Symbol für *Photoshop Elements* bereits im Menü zur START-Schaltfläche.)

Bild 2.1:
So geht es los: Starten unter *Windows XP*

Kein *Windows XP*?

Wie Sie vielleicht festgestellt haben, habe ich auf meinem Computer das neue *Windows XP* installiert und dementsprechend haben alle Fotos in diesem Buch das entsprechende Aussehen. Es spielt aber für das Arbeiten mit *Photoshop Elements* keine Rolle, welches Betriebssystem Sie verwenden. Die Arbeitsschritte sind jeweils völlig identisch.

☑ Bewegen Sie dann Ihre Maus auf den Eintrag PROGRAMME bzw. ALLE PROGRAMME, neben dem sich, wie Sie vielleicht bemerkt haben dürften, an der rechten Seite ein kleines Dreieck befindet. Sobald Sie den Balken darauf bewegt haben, klappt ein weiteres Menü aus.

☑ Auf diesem suchen Sie nun den Eintrag *Adobe* und bewegen den Balken darauf. Kaum angekommen, klappt ein weiteres Menü auf, das endlich das enthält, was Sie suchen.

☑ In diesem Menü suchen Sie den Eintrag *Photoshop Elements* und klicken einmal darauf. Lassen Sie sich nicht verwirren. Jedes *Windows*-System und insbesondere die Anordnung der Programme kann anders aussehen.

Wenn Sie das Programm auf eine der vorgestellten Arten starten, dann erscheint ein Hinweisfenster und Sie müssen nun etwas Geduld haben. Anders als viele andere *Windows*-Programme startet *Elements* nicht sofort, sondern lädt im Hintergrund einige Module und Plug-Ins und nimmt diverse Einstellungen vor.

Zusätzlich erscheint beim ersten Start der Willkommensbildschirm. Hier können Sie auswählen, ob Sie das Programm jetzt oder später registrieren möchten. Auf diese Einstellungen wird übrigens bei den künftigen Starts von *Elements* zurückgegriffen, so dass das Programmfenster wesentlich schneller erscheint.

Bild 2.2:
Entscheiden Sie
für die Zukunft

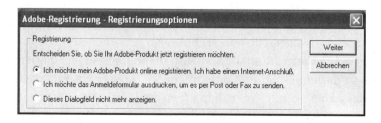

☑ Wählen Sie einfach die gewünschte Option aus und bestätigen Sie diese mit einem Klick auf WEITER.

Danach steht Ihnen das Programm zu Ihrer Verfügung und Sie können mit dem Bummel beginnen.

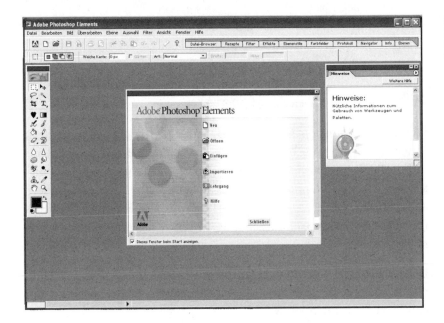

Bild 2.3:
Das ADOBE PHOTOSHOP
ELEMENTS-Fenster in
voller Pracht

2.2 Der Photoshop-Elements-Bildschirm

So, jetzt sind wir bereit und Sie sollten erst einmal *Photoshop Elements* näher kennen lernen.

☑ Klicken Sie dann mal gleich auf SCHLIEßEN, um den Startdialog auszublenden. Wir werden uns damit später beschäftigen.

Betrachten Sie jetzt einmal in Ruhe den gesamten Bildschirm. Ganz schön beeindruckend der Anblick, nicht wahr? Und vielleicht kommen Ihnen auf den ersten Blick einige Bedienungselemente etwas ungewohnt vor. Das rührt daher, dass die Firma Adobe ihre großen Erfolge am Apple Macintosh feierte und einige Elemente auch in dieses Programm eingebracht hat. Doch keine Sorge, ich werde Ihnen im Folgenden zeigen, wie Sie damit umgehen und das geht schneller, als Sie sich jetzt noch vorstellen können.

Das Erste, was Ihnen auffallen dürfte, ist zunächst einmal die große graue Fläche, die Sie in der Mitte ausmachen können. Das ist der so genannte Arbeitsbereich, auf dem sich später die geöffneten Grafiken befinden.

Doch betrachten wir uns jetzt einmal die Elemente auf dem Schirm und zwar schön der Reihe nach.

2.2.1 Schnellstartfenster

Wenn Sie *Photoshop Elements* das erste Mal gestartet haben, ist Ihnen bestimmt das bunte Fenster in der Mitte des Bildschirms aufgefallen. Es handelt sich um das so genannte Schnellstartfenster, welches Optionen zum Erstellen und Öffnen von Bildern sowie Verknüpfungen zur Online-Hilfe und zu Lehrgängen enthält und Ihnen einen raschen Einstieg in das Programm ermöglichen soll.

Dieses Fenster ist selbsterklärend und wird im weiteren Verlauf des Buches nicht mehr behandelt. Schließen Sie es deshalb mit einem Klick auf SCHLIEßEN.

Möchten Sie es auch bei einem weiteren Start nicht mehr angezeigt bekommen, dann deaktivieren Sie das Kontrollkästchen DIESES FENSTER BEIM START ANZEIGEN. Möchten Sie es wieder angezeigt bekommen, so können Sie es jeder Zeit über FENSTER ✦ SCHNELLSTART EINBLENDEN auf den Schirm holen.

Bild 2.4:
Für den schnellen
Einstieg – das
Schnellstartfenster

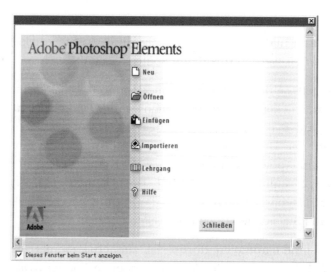

2.2.2 Die Programmtitelleiste

Ganz oben im Programmfenster von *Photoshop Elements* finden Sie die so genannte Programmtitelleiste. Diese zeigt in jeder *Windows*-Anwendung den Namen des Programms.

![Adobe Photoshop Elements Titelleiste]

Bild 2.5:
Die Programmtitelleiste enthält wichtige Informationen

Haben Sie eine Bilddatei geöffnet – was zum gegenwärtigen Zeitpunkt noch nicht der Fall ist – dann zeigt Sie zusätzlich, getrennt durch einen Bindestrich, den Namen des aktuell bearbeiteten Dokuments, also der Datei, in eckigen Klammern an.

Ganz links erkennen Sie übrigens das Programmlogo (das stilisierte Auge). Wenn Sie auf diese Schaltfläche klicken, finden Sie das Systemmenüfeld, welches alle Funktionen für das gesamte Programmfenster beinhaltet.

Und sicherlich sind Ihnen schon die drei Schaltflächen am rechten Rand der Programmtitelleiste aufgefallen.

Wenn Sie die Schaltfläche FENSTER MINIMIEREN anklicken, klappt das Fenster zusammen und wird auf der Taskleiste als Symbol abgelegt. Aber keine Sorge, es wird dabei nicht beendet, sondern Sie können es jederzeit mit einem Mausklick zum Leben erwecken und wieder in der ursprünglichen Größe darstellen lassen. Sie können sich das so vorstellen, als würden Sie kurz Ihren Zeichenblock vom Schreibtisch auf einen Abstelltisch legen, weil Sie die Arbeitsfläche für etwas anderes benötigen. Wenn Sie dann weiter zeichnen möchten, holen Sie sich einfach den Block von dem Abstelltisch und schon geht es weiter.

Die mittlere Schaltfläche kann ein unterschiedliches Aussehen haben. Mit ihr schalten Sie zwischen den Fenstereinstellungen hin und her.

Hat die Schaltfläche das Aussehen wie nebenstehend abgebildet, dann nennt man sie WIEDERHERSTELLEN-Schaltfläche. Mit einem Mausklick darauf verkleinern Sie das Fenster. In dieser Einstellung können Sie dann die Fenstergröße durch Ziehen am Fensterrahmen verändern. Dazu müssen Sie lediglich den Mauszeiger auf den Rahmen bewegen. Wenn er die Form eines Doppelpfeils annimmt, klicken Sie mit der Maustaste und ziehen den Rand bei gedrückter Maustaste an die gewünschte Position.

 Die mittlere Schaltfläche hat mittlerweile ihr Aussehen verändert und wird nun als MAXIMIEREN-Schaltfläche bezeichnet. Dieser Name ist schon klarer. Ein Klick darauf und schon nimmt das Fenster den vollen Bildschirm ein. Deshalb wird dieser Effekt auch Vollbilddarstellung genannt.

Nehmen Sie die Vollbilddarstellung!

Arbeiten Sie möglichst in dieser Ansicht. *Photoshop Elements* verfügt – wie Sie gesehen haben – über eine Menge an Leisten und Symbolen, die die Arbeitsfläche erheblich einengen. In dieser Ansicht nutzen Sie aber jeden Winkel des Bildschirms aus, was Sie sicher bald zu schätzen wissen.

 Und dann gibt es ja noch eine dritte Schaltfläche, die Schaltfläche FENSTER SCHLIEßEN. Na, der Name sagt alles. Wenn Sie darauf klicken, dann wird das Programm beendet. Deshalb sollte ein Klick darauf wohl bedacht sein, denn wer zu früh die Arbeit am PC beendet, der wird mit Dateiverlust bestraft. Im nächsten Kapitel werden Sie sehen, wie Sie diesen wohl am häufigsten vorkommenden Fehler am Computer meistern können.

2.2.3 Die Menüleiste

Unterhalb der Programmtitelleiste finden Sie die Menüleiste.

Bild 2.6:
Menüleiste

Datei   Bearbeiten   Bild   Überarbeiten   Ebene   Auswahl   Filter   Ansicht   Fenster   Hilfe

Hier werden die verschiedenen Funktionen des Programms in zehn Menüs zusammengefasst.

Um eines dieser Menüs zu öffnen, klicken Sie einfach auf die Bezeichnung in dieser Leiste und schwupps, öffnet sich das dazugehörige Menü. Wenn Sie beispielsweise den Menüeintrag DATEI wählen, dann öffnet sich ein ganz schön langes Menü.

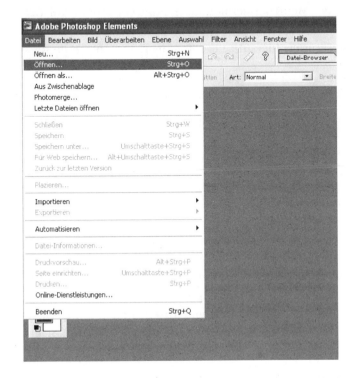

Bild 2.7:
Nach einem Klick auf den Menüeintrag erhalten Sie Zugang zu den dazugehörigen Befehlen

Wenn Sie sich dieses einmal näher betrachten, dann werden Ihnen sicherlich einige Besonderheiten auffallen:

☐ Menüpunkte mit drei Auslassungspunkten: Diese zeigen Ihnen an, dass sich beim Anklicken ein Dialogfeld öffnet, in welches Sie bestimmte Eingaben tätigen müssen.
☐ Menüpunkte mit kleinen Dreiecken am rechten Rand: Diese putzigen Dreiecke kennen Sie ja schon vom START-Menü her und wissen, dass sich da ein weiteres Untermenü öffnet, und
☐ Menüpunkte, die einfach nur aus dem Befehl selbst bestehen, der bei der Auswahl sofort ausgeführt wird.

Sicherlich sind Ihnen auch die „komischen" Zeichen am rechten Rand bei manchen Befehlen aufgefallen. Dahinter verbergen sich lediglich die Tastenkombinationen, mit denen Sie den Befehl auch ausführen könnten. Möchten Sie etwa eine Grafikdatei öffnen, so können Sie natürlich die Menüreihenfolge DATEI ♦ ÖFFNEN aktivieren. Schneller geht es aber oft über die Tastatur. In dem Fall müssen Sie dann lediglich die Tastenkombination (Strg)+(O) betätigen.

Um ein geöffnetes Menü zu schließen, genügt es, erneut auf den Menüeintrag oder einfach auf die Arbeitsfläche zu klicken. Schneller geht es auch hier über die Tastatur, indem Sie die (esc)-Taste betätigen.

2.2.4   Die Symbolleiste und der Palettenraum

Betrachten Sie sich jetzt einmal die Leiste darunter. Sie wird Symbolleiste, ganz genau eigentlich STANDARD-Symbolleiste, genannt. Ein wirklich zutreffender Name – nicht wahr?

Bild 2.8:
Die Symbolleiste

Hier finden Sie die am häufigsten benötigten Funktionen des Programms. Ein Mausklick auf das entsprechende Symbol und schon wird die Funktion ausgeführt oder es wird ein Fenster eingeblendet, welches Ihnen weitere Anweisungen gibt oder von Ihnen ein paar Angaben verlangt.

Besonders auffällig ist hier auf der rechten Seite der so genannte Palettenraum. Hierbei handelt es sich um einen Bereich, der zur übersichtlichen Anordnung der vielen Paletten, die *Elements* verwendet, dient.

Wo ist die Symbolleiste?

Sollte Ihnen einmal die Symbolleiste „abhanden kommen", dann können Sie diese über FENSTER ♦ KURZBEFEHLE EINBLENDEN wieder anzeigen.

Die besondere Bedeutung dieser Paletten für das Programm werde ich Ihnen gleich gesondert vorstellen. Doch zuvor möchte ich Ihnen anhand der Symbolleiste zeigen, welche Besonderheiten diese Leisten aufweisen.

Wenn Sie den Leistenanfang auf der linken Seite einmal näher anschauen, fallen Ihnen bestimmt die zwei senkrechten Striche auf. Diese ermöglichen Ihnen, die Leisten aus der Verankerung am oberen Rand herauszunehmen. Und das geht so:

☑ Bewegen Sie doch einmal Ihren Mauszeiger auf diesen Strich.

Bild 2.9:
Eine Symbolleiste können Sie über die zwei senkrechten Striche lösen

☑ Klicken Sie darauf und halten dann die Maustaste gedrückt.

☑ Nun ziehen Sie die Leiste nach unten in die Arbeitsfläche.

Sehen Sie, war doch ganz einfach. Nun „schwebt" sie allein im Arbeitsbereich und kann beliebig verschoben werden. Dazu müssen Sie auf den linken Rand der Leiste klicken und können sie bei gedrückter Maustaste an einen Ort Ihrer Wahl verschieben.

Da es – wie Sie im Laufe dieses Buches ebenfalls noch sehen werden – darauf ankommt, über möglichst viel freie Fläche auf dem Bildschirm zu verfügen, können Sie die Leisten noch blitzschnell ein- bzw. ausklappen.

☑ Klicken Sie dazu doppelt auf das Feld am Anfang der Leiste. Daraufhin wird diese zusammengerollt und nimmt nur noch einen Bruchteil des vorherigen Platzes ein. (Das funktioniert allerdings nur mit „schwebenden" Leisten.)

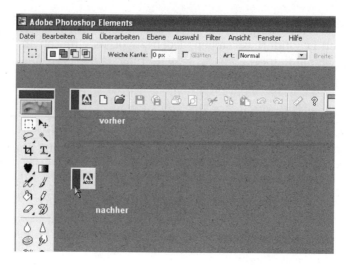

Möchten Sie sie wieder an die ursprüngliche Position zurückbrin-
gen, dann schieben Sie sie an den linken Rand unterhalb der Menüleiste und sie rastet dort ein.

Wenn Sie auf die Symbolleiste mit den Kurzbefehlen verzichten
möchten, dann können Sie diese auch dauerhaft ausblenden. Rufen Sie dazu die Befehlsfolge FENSTER ◆ KURZBEFEHLE AUSBLENDEN auf,
klicken darauf und schon ist die Leiste verschwunden. Praktisch,
nicht?

2.2.5 Paletten

Bestimmt sind Ihnen die kleinen Fenster am rechten Rand des
Programms aufgefallen. Es handelt sich dabei um die so genannten *Paletten*. In diesen kleinen Fenstern, die eine mehr oder min-
der große Anzahl von Symbolen und Einstellmöglichkeiten aufweisen, sind Funktionen zu der jeweiligen Thematik zusammengefasst, deren Befehle per Mausklick ausgeführt werden können.
Einige Anwendungen lassen sich sogar nur über diese Symbol-
leisten verwirklichen. Wie Sie im Verlauf dieses Buches sehen
werden, können Sie mit den Paletten Bearbeitungsschritte verfol-
gen und Bilder bearbeiten.

Stehen Ihnen diese Paletten im Wege, dann klicken Sie einfach auf die Titelleiste und ziehen Sie diese bei gedrückter linker Maustaste an die neue Position.

Standardmäßig sind die Paletten in verschiedene Gruppen zusammengefasst und werden bei Bedarf ein- bzw. ausgeblendet. Die Paletten weisen gegenüber den „normalen" *Windows*-Fenstern nur zwei Schaltflächen in der Titelleiste auf.

Die Schaltfläche mit dem X erlaubt das Schließen der Paletten. Mit der Schaltfläche links daneben können Sie rasch die Größe der Palette so ändern, dass sie sich wie ein Rollo bis zur Titelleiste aufrollt. So können Sie wichtigen Platz sparen und jederzeit mit einem erneuten Klick auf diese Schaltfläche wieder über die Einstellmöglichkeiten verfügen. Noch schneller geht das mit einem Doppelklick auf die Titelleiste.

Bild 2.11:
Paletten lassen sich schnell ein- und ausblenden

Photoshop Elements verfügt über eine Reihe von Paletten, von denen Sie vermutlich einige öfters und andere weniger benutzen werden.

Deshalb bietet das Programm Ihnen die Möglichkeit, sich die Paletten selbst zusammenzustellen. Sie können nämlich die Paletten trennen bzw. sie neu zuordnen.

Klicken Sie dazu auf die entsprechende Registerkarte und ziehen Sie sie bei gedrückter linker Maustaste aus der Palette heraus. Möchten Sie eine eigene Palette zusammenstellen, dann lassen Sie die Maustaste über der Arbeitsfläche los. Augenblicklich wird die Registerkarte in einer eigenen, neuen Palette eingefügt.

Möchten Sie ein bestimmtes Register einer Palette einer anderen zuordnen, dann klicken Sie auf die Registerkarte und ziehen sie auf die andere Palette. Wenn Sie die Maus dort loslassen, wird augenblicklich die Registerkarte in die andere Palette aufgenommen.

Sie können aber die Paletten auch im so genannten Palettenraum rechts auf der STANDARD-Symbolleiste ablegen, der Ihnen einen übersichtlichen und schnellen Zugriff auf die einzelne Palette ermöglicht. Der Palettenraum dient zur übersichtlichen Anordnung und Verwaltung der einzelnen Paletten. Diese nehmen nämlich einen nicht unerheblichen Platz im Arbeitsbereich in Anspruch und versperren sehr oft den Blick auf die Bilder. Zwar können Sie diese jeweils nach Beendigung Ihrer Arbeit schließen und dann über das Menü FENSTER wieder sichtbar machen. Doch dieses Arbeiten ist recht umständlich. Effizienter ist es da, nicht mehr benötigte Paletten einfach im Palettenraum abzulegen, wenn sie gerade nicht benutzt werden.

Wie Sie gleich sehen werden, ist das ganz einfach.

☑ Klicken Sie dazu auf das jeweilige Register des betreffenden Palettenfensters und ziehen Sie diese bei gedrückter linker Maustaste auf den Palettenraum.

☑ Wird ein schwarzer Rahmen um den Palettenraum angezeigt, lassen Sie die Maustaste los und schon befindet sich die Palette in diesem Raum.

☑ Um die Palette aus dem Palettenraum zu entfernen, ziehen Sie sie einfach bei gedrückter Maustaste in den Arbeitsbereich zurück.

2.2.6 Die Werkzeugleiste

Auf der linken Seite des Fensters sehen Sie eine weitere Leiste. Sie enthält die verschiedenen Werkzeuge, die Sie zum Gestalten Ihrer Grafiken benötigen. Deswegen wird sie Werkzeugleiste oder neudeutsch auch Toolbox genannt. Einige Werkzeuge dienen zum Auswählen, Bearbeiten und Anzeigen von Bildern, während andere zum Malen und Zeichnen oder zur Texteingabe vorgesehen sind. Dabei sind den verschiedenen Werkzeugen jeweils ein Symbol zugeordnet. Die Werkzeuge selbst aktivieren Sie durch einfachen Mausklick darauf. Ein ausgewähltes Werkzeug erkennen Sie daran, dass es wie eine gedrückte Taste dargestellt wird.

Sicherlich sind Ihnen auch schon die kleinen Dreiecke am rechten unteren Rand einiger Hilfsmittelsymbole aufgefallen.

☑ Klicken Sie doch einmal ein solches Symbol an.

In dem Moment, in dem Sie das tun, öffnet sich ein so genanntes Flyout-Menü, welches weitere Hilfsmittel enthält. *Photoshop Elements* verfügt nämlich über so viele Werkzeuge, dass sie aus Platzmangel nicht alle angezeigt werden können.

Bild 2.13:
Die Werkzeugleiste enthält alle erforderlichen Werkzeuge zur Bildbearbeitung

Im Verlauf dieses Buches werden Sie eine Reihe von Schaltflächen dieser Leiste kennen lernen. Und sicherlich werden Sie sich fragen, wie Sie sich das alles bloß merken sollen.

Gewiss, am Anfang hatte ich auch so meine Probleme, die ganzen vielen Schaltflächen auseinander zu halten. Doch dann entdeckte ich, dass man sich nicht alle Bedeutungen merken muss.

☑ Schieben Sie doch einmal Ihren Mauszeiger über eine der Schaltflächen und warten zwei Sekunden.

Na, sehen Sie nun auch den kleinen gelben Hinweis, Adobe bezeichnet ihn als Werkzeug-Tipp, unterhalb des Mauszeigers? Er zeigt Ihnen, was sich hinter der Schaltfläche verbirgt.

Bild 2.14:
Schaltflächen schnell erkennen mithilfe des Werkzeug-Tipps

Zusätzlich können Sie ihm entnehmen, mithilfe welcher Taste sich das Werkzeug aktivieren lässt. Im Falle der vorherigen Abbildung können Sie folglich das RECHTECK-WERKZEUG auch über einen Druck auf die Taste ⌨ aktivieren.

2.2.7 Werkzeug-Optionen-Leiste

Wenn Sie ein Werkzeug auswählen, sollten Sie als Nächstes die gewünschten Werkzeugoptionen in der Optionsleiste einrichten. Sie finden sie am oberen Rand des Arbeitsbereichs unter der Symbolleiste angezeigt Diese passt sich nämlich an das ausgewählte Werkzeug an und zeigt jeweils einen anderen Inhalt, wenn Sie ein neues Werkzeug auswählen. Der Umfang hängt dabei von dem gewählten Werkzeug ab. So können Sie bei einigen Werkzeugen nur bestimmte standardmäßige Optionen wählen, während Sie bei anderen werkzeugspezifische Einstellungen vornehmen können.

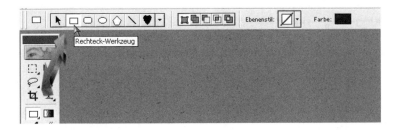

Bild 2.15:
Die Symbolleiste
WERKZEUG-OPTIONEN
passt sich dem aus-
gewählten Werkzeug an

Man nennt diese Arbeitsweise übrigens „kontextsensitiv" und Sie werden diese Funktionen sehr schätzen lernen. Mit ihrer Hilfe können Sie die verschiedenen Objekte sehr schnell und vor allem sehr exakt bearbeiten.

2.2.8 Infoleiste

So, jetzt kennen Sie sich ja schon mit den wichtigsten Bestandteilen von *Photoshop Elements* aus. Doch bevor es richtig losgeht, will ich Sie noch mit einem sehr informativen Element vertraut machen.

Dieses werden Sie im Moment jedoch noch nicht auf Ihrem Bildschirm ausmachen können, da es eine geöffnete Datei voraussetzt.

Bilddatei öffnen

Um eine vorhandene Bilddatei zur (weiteren) Bearbeitung zu öffnen,

☑ aktivieren Sie den Eintrag ÖFFNEN aus dem DATEI-Menü oder klicken auf das gleichnamige Symbol.

☑ In dem in folgendem Bild gezeigten Dialogfenster stellen Sie im Listenfeld hinter der Bezeichnung SUCHEN IN zunächst das gewünschte Laufwerk und dann das Verzeichnis ein, in dem sich die Datei befindet.

Im Bereich unterhalb der Liste werden daraufhin alle Dateien und Ordner aufgeführt, die am gewählten Ablageort enthalten sind.

☑ Markieren Sie anschließend die gewünschte Bilddatei.

Sofort erscheint im Dialogfenster eine Vorschau in Daumennagelgröße – man spricht hier auch von „Thumbnails", das ist das englische Wort für Daumennagel. So können Sie gleich sehen, ob Sie das richtige Bild ausgewählt haben.

☑ Ist das der Fall, dann bestätigen Sie mit einem Klick auf ÖFFNEN.

Vergrößerungsfeld

Am unteren Rand des *Photoshop Elements*-Fensters wird Ihnen die Infoleiste angezeigt. Sollte sie nicht sichtbar sein, so können Sie diese über das Menü FENSTER ◆ INFO-LEISTE EINBLENDEN auf den Schirm bringen.

Ganz links finden Sie ein Feld, welches die aktuelle Vergrößerung/Verkleinerung anzeigt. Hier tippen Sie einfach die gewünschte Vergrößerungsstufe im Bedarfsfall ein und bestätigen mit.

Datei-Informationsbereich

Der mittlere Bereich enthält zahlreiche Informationen zur aktuellen Datei. Welche Informationen hier angezeigt werden, können Sie definieren. So können Sie zwischen Hinweisen, wie etwa die DOKUMENTENMAßE, DATEIGRÖßE, DOKUMENTENPROFIL, ARBEITSDATEIGRÖßE, EFFIZIENZ, TIMING und AKTUELLES WERKZEUG wählen.

☑ Um an diese Informationen zu gelangen, klicken Sie auf den dicken nach rechts weisenden Pfeil.

Es erscheint dann ein Kontextmenü, welches Ihnen die Auswahl der gewünschten Information ermöglicht.

☑ Klicken Sie einfach darauf und schon erhalten Sie auf der linken Seite eine Beschreibung dazu.

Am Anfang meiner Arbeiten mit *Photoshop Elements* hat mir übrigens sehr geholfen, dass ich die letzte Auswahl, AKTUELLES WERKZEUG, habe anzeigen lassen.

Bild 2.17:
Informativ – die
Elemente der
Statusleiste

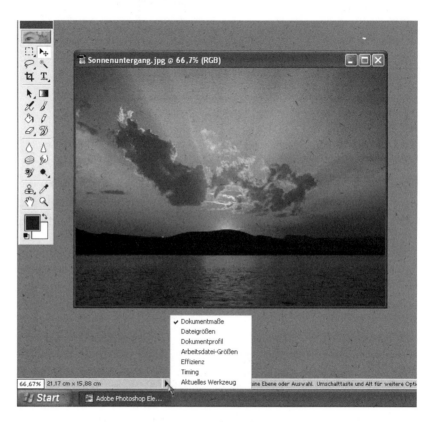

Werkzeug-Informationsbereich

Der rechte Bereich zeigt schließlich Informationen zum Werkzeug an, mit dem Sie gerade arbeiten. Wenn Sie beispielsweise das Verschieben-Werkzeug angewählt haben, erhalten Sie die Information, dass Sie mit diesem Werkzeug eine Ebene oder Auswahl verschieben können. Gerade bei meinen ersten Schritten mit *Photoshop Elements* war mir diese Anzeige sehr hilfreich.

3 Woher kommen die Bilder?

Nach dem kleinen Bummel durch das Programm
haben Sie bestimmt große Lust bekommen und
möchten loslegen. Deshalb will ich Sie auch
nicht länger auf die Folter spannen und zeige
Ihnen in diesem Kapitel,
□ wie Sie vorhandene Bilder öffnen,
□ Bilder von einem Scanner oder
□ einer Digitalkamera übernehmen oder von
□ einer Foto-CD kopieren.

Bevor Sie Ihre Bilder bearbeiten können, müssen diese zunächst auf Ihrem Computer abgespeichert werden. Dies kann auf vielfache Art und Weise erfolgen. Zum einen können diese Bilder sich bereits in digitaler Form auf CDs befinden oder von Ihnen dem Internet entnommen werden. Auf der anderen Seite können Sie gedruckt vorliegende Bilder mithilfe eines Scanners einlesen und schließlich können Sie mit einer der immer beliebter werdenden Digitalkameras eigene Bilder schießen und dann auf den Computer übertragen. Darüber hinaus bietet Ihnen *Photoshop Elements* schließlich sogar die Möglichkeit, eigene Bilder zu erstellen.

3.1 So übernehmen Sie „fertige" Bilder

Sehr häufig werden Sie fertige Bilder von CDs, die Bildsammlungen enthalten, übernehmen oder Sie laden sich Bilder aus dem Internet auf Ihren Computer und möchten diese nun bearbeiten. In diesen Fällen liegen diese Bilder bereits digital vor, so dass eine Übernahme in *Photoshop Elements* recht einfach zu bewerkstelligen ist.

3.1.1 Bilddateien öffnen

Wie Sie diese Dateien öffnen, haben Sie bereits im vorherigen Kapitel gesehen. Bereits verwendete Dateien können Sie sehr rasch über das Menü Datei ◆ Letzte Dateien öffnen erreichen. In dem sich öffnenden Untermenü finden Sie die vier zuletzt geöffneten Dateien aufgelistet. Diese werden Ihnen dabei – unabhängig von den Einstellungen Ihres Betriebssystems – mit den dazugehörigen Dateiendungen angezeigt.

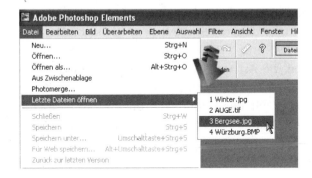

Bild 3.1:
Rasch die zuletzt geöffnete Bilddatei öffnen

☑ Zeigen Sie einfach mit der Maus auf die gewünschte und klicken Sie dann einmal.

Die ausgewählte Datei wird daraufhin geöffnet und angezeigt.

Wo finde ich die Dateiendungen?

Seit *Windows 98* werden die Dateiendungen nicht mehr standardmäßig angezeigt. Für die Bildbearbeitung ist es jedoch sehr vorteilhaft, wenn Sie sich diese anzeigen lassen, denn so können Sie den verwendeten Grafiktyp schnell ausmachen. Deaktivieren Sie im Arbeitsplatz (Menü Datei bzw. Extras ◆ Ordneroptionen) auf der Registerkarte Ansicht den Eintrag Erweiterungen bei bekannten Dateitypen ausblenden oder Dateinamenerweiterung bei bekannten Dateinamen ausblenden oder so ähnlich.

3.1.2 Was hat es mit den Dateiendungen auf sich?

Wie Sie eben gesehen haben, können Bilddateien über unterschiedliche Dateiendungen verfügen. Die meisten Bildformate in der Computerwelt sind nach ihrer Dateiendung benannt.

Es gibt verschiedene Formate für Bilddateien. Eine solche Dateiendung besteht aus drei Buchstaben nach dem Punkt hinter dem Dateinamen und legt fest, um welche Dateiart es sich handelt. Bei Bildern zeigt es Ihnen die Art und Weise, wie die Bildinformationen, man spricht von einem Kompressionsverfahren, digitalisiert abgelegt wurden. Dabei gilt der Grundsatz, dass je stärker eine Bilddatei komprimiert ist, umso weniger Speicherplatz beansprucht sie. Allerdings – und das werden Sie noch im Verlaufe dieses Buches sehen – leidet oft die Bildqualität durch die Komprimierung.

Wenn Sie im Dialogfenster DATEI ÖFFNEN einmal auf das Listenfeld DATEITYP klicken, finden Sie eine umfangreiche Liste der Formate, die *Photoshop Elements* verarbeiten kann.

Bild 3.3:
Mit *Elements* können
Sie eine große Anzahl
an Formaten öffnen

Bei Ihren Arbeiten mit *Photoshop Elements* werden Sie im Wesentlichen mit folgenden Bildformaten arbeiten:

☐ *.psd*: Dieses Format wird Ihnen häufig begegnen, denn es handelt sich um das *Photoshop-Elements*-eigene Format. Was es besonders auszeichnet ist seine verlustfreie Speicherung in komprimierter Form.

☐ *.bmp*: Dieses Format steht für Bitmap-Bilder und ist ein *Windows*-Standardbildformat auf *DOS*- und *Windows*-kompatiblen

Computern. Die Bilder dieses Format sind unkomprimiert, d. h., jeder Bildpunkt wird abgespeichert.

☐ *.gif:* Dieses Format (Graphics Interchange Format) eignet sich besonders gut für Bilder, die keine kontinuierlichen Farbtöne oder große Bereiche mit ein und derselben Farbe enthalten. Nachteilig mag sein, dass es nur 256 Farben aufnehmen kann. Für den Webdesigner ist es aber ideal, denn man kann eine Farbe als transparent definieren und damit erreichen, dass der Hintergrund überall da durchscheint, wo mit der transparenten Farbe gezeichnet wurde.

☐ *.eps:* Dieses Format (Encapsulated PostScript) ist speziell für die komprimierte Speicherung von Vektorgrafiken gedacht. Im EPS-Format können Photoshop-Dateien in vielen Grafik-, Zeichen- und Seitenlayoutprogrammen verwendet werden.

☐ *.jpg:* Dieses Format (die Abkürzung steht für Joint Photographics Experts Group) eignet sich in der Regel am besten für Fotos und Bilder mit kontinuierlichen Farbtönen. Es vermag fotorealistische Farbpaletten zu behandeln und die Bilder sehr gut zu komprimieren. Allerdings ist diese Art der Komprimierung mit einem Qualitätsverlust verbunden. Dieser beruht auf dem Löschen von Bildinformationen und kann nicht wiederhergestellt werden. Wegen der geringen Dateigrößen ist es das ideale Format für Fotos, die Sie ins Internet stellen wollen.

☐ *.tif:* Dieses Format (Tagged-Image File Format, deshalb auch tiff) ist in der Druckerwelt sehr weit verbreitet. Es wird zum Austausch von Dateien zwischen Anwendungen und Computer-Plattformen verwendet. So gut wie alle Desktop-Scanner können TIFF-Bilder erstellen.

☐ *.pdf:* Dateien im Portable Document Format zeichnen sich dadurch aus, dass sie klein, in sich geschlossen und portierbar sind. Sie enthalten alle Informationen zu Schriftarten, Grafiken und Druck, die für das Anzeigen und Ausdrucken der Datei erforderlich sind.

3.1.3 Datei-Browser

Noch schneller können Sie Bilder auf Ihrem Computer mithilfe des Datei-Browsers ausfindig machen, den Sie in der Optionsleiste finden. Dieser zeigt nämlich Miniaturen aller Bilddateien an, die sich auf Ihrem Computer befinden.

☑ Stellen Sie den Dateispeicherort ein und suchen Sie sich das Bild, welches Sie bearbeiten wollen.

☑ Anschließend müssen Sie nur noch einen Doppelklick darauf ausführen und schon wird es in *Photoshop Elements* geladen.

Bild 3.4:
Der Datei-Browser
verschafft einen
schnellen Überblick
über Ihre Bilddateien

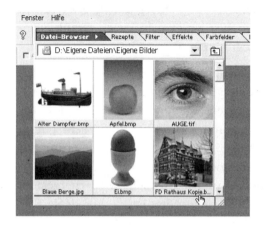

3.1.4 Bilder speichern

Haben Sie ein Bild neu erstellt oder eingescannt, so müssen Sie es als Nächstes auf Ihre Festplatte sichern, also abspeichern.

☑ Klicken Sie dazu auf den Menüpunkt DATEI.

Haben Sie lediglich eine Bilddatei geöffnet und keinerlei Arbeitsschritte vorgenommen, dann finden Sie den Menüpunkt SPEICHERN eingegraut, also inaktiv, vor. Hier ist eigentlich ein Abspeichern nicht erforderlich. Möchten Sie es trotzdem tun, dann wählen Sie – wie in den anderen Fällen ebenfalls – den Menüpunkt DATEI SPEICHERN UNTER an.

Es erscheint daraufhin das Dialogfenster SPEICHERN UNTER.

Standardmäßig werden die Bilder in *Photoshop Elements* im *.psd*-Format gespeichert. Je nachdem, ob Sie eine bereits bestehende Datei geöffnet haben oder einen Namen für eine neue Datei (dann finden Sie an dieser Stelle die Bezeichnung OHNE TITEL-1) festgelegt haben, ist der Dateiname farbig hinterlegt.

Möchten Sie das nicht, so klicken Sie auf den Listenpfeil des Feldes FORMAT und Sie können aus einer Vielzahl weiterer Formate das gewünschte aussuchen.

Wenn Sie das Bild bearbeiten und anschließend ausdrucken wollen, dann spielt das Format hier eine untergeordnete Rolle, so dass Sie es bei dem vorgegebenen Format belassen sollten.

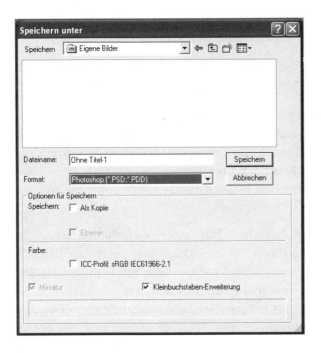

Bild 3.5:
Nicht vergessen:
Speichern Sie Ihre
Bilder ab

Wurde das Bild bereits gespeichert, so können Sie aber auch eine Kopie erstellen. In diesem Fall aktivieren Sie das Kontrollkästchen ALS KOPIE.

Möchten Sie in der Dateiendung Großbuchstaben verwenden, dann müssen Sie zusätzlich noch das Kontrollkästchen KLEIN-BUCHSTABEN-ERWEITERUNG deaktivieren.

Tragen Sie abschließend noch einen aussagekräftigeren Namen als den vorgegebenen in das Feld DATEINAME ein und beenden Sie diesen Vorgang mit einem Klick auf SPEICHERN.

3.2 So digitalisieren Sie Bilder

Um Bilder auf elektronischem Wege bearbeiten zu können, müssen diese digitalisiert werden.

3.2.1 Die Grafikgrundformen

Zunächst unterscheidet man prinzipiell zwischen den beiden folgenden Grafikgrundformen:

□ *Vektorgrafiken*: Diese werden mathematisch definiert. So besteht eine Linie aus einem Startpunkt, einem Endpunkt und dem entsprechenden Winkel. Start- und Endpunkt werden dabei in Form von X- und Y-Koordinaten gespeichert. Beim Skalieren oder Verschieben dieser Objekte werden nur die Koordinaten verändert.

□ *Pixelgrafiken*: Sie bestehen aus einer Vielzahl an einzelnen Bildpunkten. Alle diese Punkte zusammen betrachtet vermitteln den Eindruck eines Bildes. Eine Linie ist demnach die Aneinanderreihung von mehreren Bildpunkten. Je kleiner diese Bildpunkte sind und je enger sie beieinander liegen, desto höher ist die Qualität des Bildes. Vergrößern Sie z. B. nachträglich das Bild, werden Sie feststellen, dass alle Pixel gleichmäßig skaliert werden. Dies führt zu einem Qualitätsverlust des gesamten Bildes, welchen Sie sehr schön an dem so genannten Treppcheneffekt erkennen.

3.2.2   Bilder einscannen

Bilder, die Ihnen in gedruckter Form vorliegen, müssen Sie mithilfe eines Scanners auf Ihren Rechner kopieren, bevor Sie diese öffnen können.

Dabei werden die Bilder in eine Matrix einzelner Bildpunkte (eben die Pixel) zerlegt.

Wenn Sie sich jetzt Gedanken machen, wie das geht, so kann ich Sie beruhigen. *Photoshop Elements* hat alles bereits an Bord, was Sie benötigen. Sie können nämlich Bilder direkt von einem Scanner importieren. Einzige Voraussetzung ist, dass dieser über ein mit *Adobe Photoshop* kompatibles Zusatzmodul verfügt oder die TWAIN-Schnittstelle unterstützt. Verwenden Sie *Windows ME* oder höher, können Sie das Bild auch mithilfe der WIA-Unterstützung importieren.

Welche Schnittstelle nehme ich?

Keine Sorge, wenn Sie nicht sicher wissen, über welche Schnittstelle Sie verfügen. *Photoshop Elements* erkennt die richtige Schnittstelle, so dass Sie sich um nichts kümmern müssen.

Bilder mit dem TWAIN-Treiber einscannen

Der geheimnisvolle TWAIN-Treiber ist nichts anderes als ein Programm, welches Ihren Scanner steuert und das Ergebnis dieses Vorgangs an *Photoshop Elements* weiterleitet. Die dazu benötigte Software erhalten Sie mit Ihrem Scanner ausgeliefert und sie wird automatisch installiert, wenn Sie diese Software aufspielen.

Um Bilder über einen angeschlossenen Scanner zu importieren, müssen Sie erst einmal festlegen, welchen TWAIN-Treiber Sie verwenden wollen. Es gibt nämlich eine Reihe an Digitalkameras, die ebenfalls mit einem TWAIN-Modul ausgestattet sind.

☑ Rufen Sie das Menü DATEI auf und wählen Sie dort den Eintrag IMPORTIEREN an.

Daraufhin öffnet sich eine Liste mit allen von Ihnen angeschlossenen Scannern bzw. angeschlossenen Digitalkameras.

☑ Klicken Sie einmal auf den passenden Eintrag.

Bild 3.6:
Suchen Sie den
passenden Eintrag aus

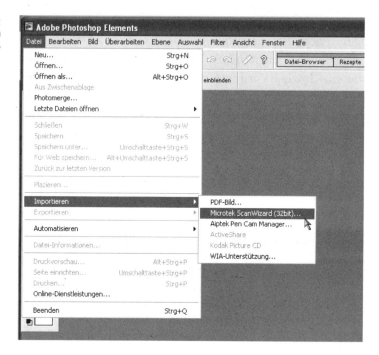

Es öffnet sich das Steuerungsprogramm des angeschlossenen Scanners, in dem Sie je nach Ausstattung Ihres Scanners diverse Einstellungen vornehmen können.

So unterschiedlich die Fensterdarstellung je nach Hersteller sein kann, werden Sie in jedem Fall zwei Einstellungen finden, die für die weitere Bildbearbeitung eine entscheidende Rolle spielen:

☐ Auflösung und
☐ Scanmodus (genauer: das Farbmodell)

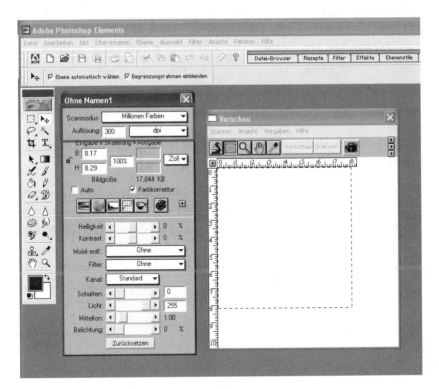

Bild 3.7:
Die Wahl des Scanmo-
dus und der Auflösung
will wohl bedacht sein

Die „richtige" Auflösung

Beim Scannen spielt vor allem die Wahl der richtigen Auflösung
eine entscheidende Rolle. So kann eine zu niedrige Auflösung sich
sehr negativ auf die Bildqualität auswirken, während eine zu hohe
Auflösung zu sehr speicherintensiven Bildern führen kann, die
rasch die Systemressourcen Ihres Computers angreifen können.

Die Auflösung bezeichnet zunächst ganz allgemein die Anzahl der
Bildpunkte, aus denen sich ein Bild zusammensetzt.

Die Auflösung bezieht sich immer auf eine Strecke von einem Inch
und hat die Maßeinheit dpi (Dots per Inch). Übersetzt heißt das
Bildpunkte pro Zoll, wobei ein Zoll 2,54 Zentimeter entspricht. Dpi
bezeichnet also die Anzahl der Bildpunkte, die für eine Strecke von
einem Zoll verwendet wird.

Ein Bild von einer Größe von 1 Zoll x 1 Zoll und einer Auflösung von 100 dpi besteht folglich aus 100 Pixel x 100 Pixel, also insgesamt 10.000 Pixeln.

Da beim Speichern jeder einzelne Pixel gesichert werden muss, sind diese Bilder sehr speicherintensiv.

Die Anzahl der Bildpunkte wird also beim Scannen festgelegt, daher müssen Sie Folgendes beachten:

☐ Vergrößert man ein eingescanntes Bild, müssen die Abstände zwischen den Bildpunkten vergrößert werden. Zwar kann man mithilfe der so genannten Interpolation neue Pixel einfügen. Diese berechnen Ihren Farbwert als Mittelwert jedoch anhand der umgebenden Pixel. In beiden Fällen kommt es somit zu einem Qualitätsverlust des gesamten Bildes. Deshalb gilt die Faustregel, dass je höher man die Auflösung beim Scannen einstellt, umso mehr Details werden dargestellt.

☐ Verkleinert man das Bild, fallen Bildpunkte weg. Auch hierdurch kommt es zu einer Verschlechterung des Bildmaterials, denn es fallen ja Bildinformationen weg.

Sicherlich werden Sie sich jetzt fragen, welches die richtige Auflösung ist?

Da muss ich Sie enttäuschen. Die gibt es (leider) nicht. So oder so müssen Sie sich zunächst im Klaren sein, was Sie mit dem eingescannten Bild tun wollen, und müssen dann in jedem Fall einen Kompromiss eingehen.

Die beim Scannen zu verwendende Auflösung hängt zum einen von der Auflösung des jeweiligen Ausgabegeräts ab. Zum anderen kommt es darauf an, ob das Bild in der gescannten Originalgröße vergrößert oder verkleinert werden soll.

Möchten Sie das Bild auf einem Drucker ausgeben, so müssen Sie dessen Rasterweite (die Ausgabequalität) ermitteln. Diese wird in lines per inch (lpi) angegeben und bewegt sich zwischen 55 lpi und 200 lpi. Im deutschsprachigen Raum werden Sie diese Bezeichnung allerdings seltener finden. Hier spricht man von Einheiten pro Zentimeter. So entsprechen 150 lpi einem 60er Raster. Diesen Wert erhalten Sie, indem Sie 150 einfach durch 2,54 teilen.

Des Weiteren müssen Sie beachten, dass bei einer professionellen Reproduktion Halbtöne nicht direkt erzeugt werden können und deshalb Graustufen- und Farbflächen in Rasterpunkte zerlegt werden.

Zur Bildung jedes Ausgabe-Rasterpunktes sollte mindestens ein gescannter Pixel zur Verfügung stehen. Da die Rasterpunkte in einem Winkel angeordnet werden, verwendet man besser zwei Pixel pro Rasterpunkt. Die Anzahl der Pixel, die pro Rasterpunkt zur Verfügung stehen, bezeichnet man als Qualitätsfaktor.

Für eine gute Ausgabequalität im 60er-Raster (150 lpi) sollten Sie deshalb die Vorlage mit Qualitätsfaktor 2 scannen, das entspricht einer Scanauflösung von 300 dpi (60er Raster = 150 lpi x 2 = 300 dpi).

Möchten Sie Bilder in Originalgröße reproduzieren, sollten Sie deshalb die folgenden Standardwerte als Orientierungshilfe für die Scanauflösung verwenden.

Ausgabemedium	Scanauflösung
Webanwendung	72 dpi
600 dpi-Tintenstrahl- oder Laserdrucker	75 dpi
Multimedia-Anwendung (Bildschirm)	96 dpi
Offset-Druck mit 60er-Raster	150 dpi

Tabelle 3.1: Standardwerte für die Scanauflösung

Das „richtige" Farbmodell

Neben der Auflösung müssen Sie noch die Einstellungen der Farbtiefe (Farbe, Graustufe oder Schwarz-Weiß) festlegen.

Hierbei geht es um die Einstellungen, wie die Farben der zu bearbeitenden Bilder festgelegt werden sollen. *Photoshop Elements* bietet Ihnen die folgenden vier Farbmodi:

☐ RGB-Modus: RGB ist der Standardmodus für neue *Photoshop*-Bilder. Bei diesem Model wird jedem Pixel ein Intensitätswert zwischen 0 (Schwarz) und 255 (Weiß) für die einzelnen RGB-Komponenten in einem Farbbild zugewiesen. So bestimmt sich beispielsweise für eine leuchtend rote Farbe der Rot-Wert von 246, der Grün-Wert von 20 und der Blau-Wert von 50. Beträgt der Wert aller Komponenten 255, entsteht reines Weiß, bei einem Wert von 0 reines Schwarz. Mithilfe dieser drei Farben können so bis zu 16,7 Millionen Farben auf dem Bildschirm dargestellt werden.

- Bitmap-Modus: Dieser Modus verwendet für die Darstellung der Pixel in einem Bild einen von zwei Farbwerten (Schwarz oder Weiß). Bilder im Bitmap-Modus werden als 1-Bit-Bitmaps bezeichnet, da sie eine Farbtiefe von 1 Bit haben.

- Graustufen-Modus: Bei diesem Modus sind bis zu 256 Grauschattierungen möglich. Das wird dadurch erreicht, dass jedem Pixel ein Helligkeitswert zwischen 0 (Schwarz) und 255 (Weiß) zugewiesen wird.

- Indizierter Farbmodus: Dieser Farbmodus wird vornehmlich für Webgrafiken eingesetzt, da man hier die Farbpalette einschränken kann, ohne dass es zu Einbußen bei der optischen Qualität kommt. In diesem Modus werden maximal 256 Farben verwendet. Beim Konvertieren in indizierte Farben erstellt *Photoshop Elements* eine Farbtabelle, in der die Bildfarben gespeichert und indiziert werden. Ist eine Farbe des Originalbildes nicht in der Tabelle enthalten, wird die ähnlichste Farbe gewählt oder die Farbe mit den verfügbaren Farben simuliert. Eines der Nachteile dieses Modus ist, dass Bearbeitungen nur begrenzt möglich. Wünschen Sie eine umfangreiche Bearbeitung, so wird das Bild vorübergehend in den RGB-Modus konvertiert.

Haben Sie alle Einstellungen getroffen, müssen Sie nur noch die Schaltfläche suchen, die den Scanvorgang startet. Klicken Sie darauf und schon wird das Bild an *Photoshop Elements* übertragen.

Nach Abschluss dieses Vorgangs können Sie das Scanprogramm schließen, sofern Sie es nicht mehr (für weitere Scans) benötigen.

Bilder mithilfe der WIA-Unterstützung importieren

Bei einigen Digitalkameras und Scannern können Bilder über die WIA-Unterstützung importiert werden. Die Abkürzung WIA steht dabei für Windows Image Acquisition und bedeutet, dass die Bilder direkt in *Photoshop Elements* importiert werden.

☑ Um den Aassistenten-gesteuerten Vorgang aufzurufen, wählen Sie das Menü DATEI ✦ IMPORTIEREN ✦ WIA-UNTERSTÜTZUNG an.

☑ In dem sich nun öffnenden Dialogfenster suchen Sie zunächst einen Ordner auf Ihrem Computer aus, in dem die Bilddateien gespeichert werden sollen.

Bild 3.8:
Die WIA-Unterstützung arbeitet Assistenten-gesteuert

☑ Wenn Sie das gescannte Bild gleich bearbeiten wollen, vergewissern Sie sich, dass das Kontrollkästchen IMPORTIERTE BILDER IN PHOTOSHOP ELEMENTS ÖFFNEN aktiviert ist.

☑ Möchten Sie keinen eigenen Unterordner für die importierten Bilder, der das aktuelle Datum als Name trägt, erstellen, dann deaktivieren Sie das entsprechende Kontrollkästchen.

☑ Sind alle Einstellungen zu Ihrer Zufriedenheit, dann klicken Sie auf STARTEN.

☑ Im folgenden Dialogfenster wählen Sie den Scanner (im Regelfall ist es ein einziger) aus, von dem Sie die Bilder importieren lassen möchten.

☑ Bestätigen Sie Ihre Wahl mit OK.

Es erscheint nun ein Dialogfenster, in dem Sie die Art des Bildes auswählen können, das gescannt werden soll.

Hier stehen Ihnen die folgenden Optionen (die Sie weiter oben bereits kennen gelernt haben) zur Auswahl:

☐ Farbbild: Das ist die Standardeinstellung für das Scannen von Farbbildern.

☐ Graustufenbild: Wählen Sie diese Option, wenn Sie Graustufenbilder einscannen möchten.

☐ Schwarzweißbild oder Text: Diese Einstellung nehmen Sie für Texte oder einfache Strichzeichnungen.

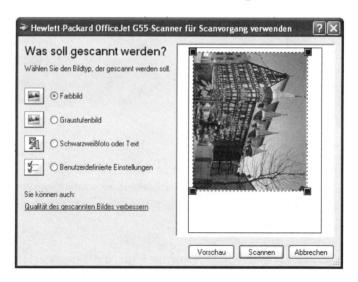

Bild 3.9:
Bestimmen Sie
den Bildtyp

Daneben können Sie zusätzlich oft auch die Qualität des eingescannten Bildes einstellen.

Diese Option spielt nur dann eine Rolle, wenn Sie die Scanauflösung erhöhen möchten, da Sie in den entsprechenden Fenstern die benötigten weiteren Einstellungen vornehmen können.

☑ Schließen Sie dieses Fenster mit OK und klicken Sie auf VORSCHAU, um das gescannte Bild anzuzeigen.

☑ Beschneiden Sie das gescannte Bild bei Bedarf, indem Sie das Rechteck so ziehen, dass es das Bild umgibt.

Wenn Sie dann anschließend auf SCANNEN klicken, wird das Bild an *Photoshop Elements* übertragen und im angegebenen Ordner im *.bmp*-Dateiformat gespeichert.

3.3 Bilder von einer Digitalkamera übernehmen

Sie möchten eine Geburtstagskarte entwerfen und finden keine passenden Bilder? Vielleicht besitzen Sie schon eine Digitalka-mera. Dann schießen Sie die Fotos einfach selbst, schließen Ihre Kamera an und übertragen die Bilder auf Ihren PC, um sie an-schließend mit *Photoshop Elements* zu bearbeiten. Das hat zudem den Vorteil, dass Sie diese Bilder – ohne Angst vor Urheberrechts-verletzungen – nach Ihren Vorstellungen weiterverarbeiten kön-nen.

☑ Verbinden Sie zunächst die Kamera mit dem Computer und schalten Sie sie ein.

☑ Wählen Sie nun in *Photoshop Elements* im Menüpunkt DATEI ♦ IMPORTIEREN den Eintrag Ihrer Kamera an.

☑ Daraufhin startet *Photoshop Elements* die Übertragungssoftware der Kamera.

Diese Software kann – je nach Hersteller – recht unterschiedlich gestaltet sein und kann deshalb von der folgenden Abbildung erheblich abweichen. Doch keine Sorge, im Prinzip funktionieren alle diese Programme so und im Notfall hilft ein Blick in das Bedienungshandbuch der Kamera weiter.

Bild 3.11:
Übernahme von Bildern
einer Digitalkamera

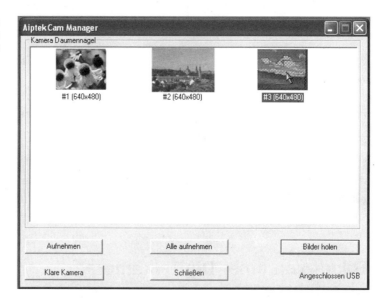

☑ Im Regelfall wählen Sie nun noch das gewünschte Bild mit einem Doppelklick aus, woraufhin es in *Photoshop Elements* geladen wird.

☑ Schließen Sie abschließend die Übertragungssoftware mit einem Klick auf SCHLIEßEN, um mit den Arbeiten in *Photoshop Elements* zu beginnen.

3.4 Bilder von einer Foto-CD übernehmen

Sehr praktisch ist, wenn Sie Bilder von einer Foto-CD übernehmen können. Bei diesen CDs handelt es sich um eine recht preiswerte Art, Dias zu archivieren. So können rund 100 Dias auf eine solche Scheibe gebrannt werden. Leider können Sie in *Photoshop Elements* nicht selbst solche Dateien (Sie erkennen sie an der Endung *.pcd*) erstellen, sondern Sie benötigen ein Brennprogramm, welches über eine solche Option verfügt, oder Sie bringen Ihre Bilder zu einem Fotohändler.

Da die Dateien in einem besonderen Format gespeichert sind, müssen Sie beim Öffnen derselben einige Dinge beachten.

☑ Rufen Sie den Befehl DATEI ◆ ÖFFNEN auf.

☑ Wechseln Sie auf das Laufwerk, in dem sich die CD befindet.

☑ Wählen Sie die gewünschte PCD-Datei aus. Am Vorschaubild können Sie erkennen, um welches Bild es sich handelt

☑ Klicken Sie auf die Schaltfläche ÖFFNEN.

☑ Es öffnet sich ein weiteres Dialogfenster. Hier können Sie unter anderem die Auflösung, die Farbtiefe und das Format auswählen. Da es sich um Fotos handelt, sollten Sie hier die Option 16,7 Millionen Farben wählen, um die bestmögliche Qualität zu erhalten.

☑ Klicken Sie abschließend auf OK, um die Fotodatei in *Photoshop Elements* zu öffnen.

4 Bilder bearbeiten

Wenn Sie ein Bild einscannen oder von einer Digitalkamera übernehmen, kann es sein, dass Sie mit dem Ergebnis nicht so recht zufrieden sind. Hier zeigt *Photoshop Elements* seine Stärken, indem Sie die Gesamtqualität des Bildes ohne großen Aufwand schnell verbessern können. In diesem Kapitel werden Sie deshalb lernen,

☐ wie Sie den nötigen Durchblick gewinnen,
☐ überflüssigen Rand entfernen,
☐ ein Bild gerade rücken und
☐ die Größe von Bildern verändern.

4.1 Wie erhält man den richtigen Durchblick?

Wenn Sie mit größeren Bildern arbeiten, die nicht ganz auf die Arbeitsfläche passen, ist es oft nötig, die Ansichtsgröße bzw. den sichtbaren Ausschnitt zu ändern. Hierzu stehen Ihnen zwei Hilfsmittel zur Verfügung.

4.1.1 Vergrößerung und Verkleinerung der Ansicht

 Um die Ansicht eines Bildes zu vergrößern oder zu verkleinern, verwenden Sie das ZOOM-WERKZEUG.

☑ Um es zu aktivieren, klicken Sie einfach in der Werkzeugleiste auf das entsprechende Symbol.

Der Mauszeiger nimmt daraufhin die Form einer Lupe an. Zusätzlich wird innerhalb der Lupe ein Plus angezeigt. *Photoshop Elements* schaltet nämlich standardmäßig in den Vergrößerungsmodus.

☑ Bewegen Sie diesen veränderten Zeiger auf das Bild und klicken Sie einmal.

Augenblicklich wird das Bild um eine Größe höher dargestellt.

Bild 4.1:
Die Anzeige der Bilder
lässt sich schnell mit
dem ZOOM-WERKZEUG
verändern

Möchten Sie einen Schritt zurück zoomen, so müssen Sie lediglich die [alt]-Taste drücken und für die folgende Aktion gedrückt halten. Das Pluszeichen innerhalb des Mauszeigers nimmt jetzt die Form eines Minuszeichens an. Wenn Sie damit einmal auf das Bild klicken, wird die Ansicht um eine Stufe verkleinert.

Schneller die Ansicht wechseln

Verwenden Sie gerade ein bestimmtes Werkzeug, so ist es nicht immer praktisch, zum Zoom-Werkzeug zu wechseln. Verwenden Sie in diesem Fall die Tastenkombination zum Vergrößern bzw. Verkleinern. So können Sie mithilfe von [Strg] und Plustaste die Ansicht vergrößern, die Kombination [Strg] und [-] verkleinert sie.

Wenn Sie dagegen nur einen bestimmten Ausschnitt vergrößern möchten, dann ist es hilfreich, bei gedrückter linker Maustaste einen so genannten Auswahlrahmen um das Objekt Ihrer Begierde zu ziehen.

☑ Setzen Sie dazu das Zoom-Werkzeug an den linken oberen Rand und ziehen Sie diagonal nach unten rechts einen Rahmen auf.

☑ Haben Sie den äußersten Bereich, der vergrößert werden soll, erreicht, lassen Sie die Maustaste los.

Bild 4.2:
Einen Bereich
vergrößert man mithilfe
eines Auswahlrahmens

Wie Sie schon in unserem kleinen Bummel durch *Photoshop Elements* gesehen haben, passt sich die Werkzeug-Optionen-Leiste dem jeweiligen Werkzeug an.

Aus diesem Grund hat sie sich auch bei Auswahl des Zoom-Werkzeugs verändert und präsentiert Ihnen eine Reihe von interessanten Schaltflächen.

Bild 4.3:
Die Werkzeug-Optionen-Leiste des Zoom-Werkzeugs

So können Sie durch Aktivierung des Kontrollkästchens FENS-TERGRÖSSE ANPASSEN erreichen, dass das Dokumentenfenster entsprechend Ihrer Vergrößerungs- oder Verkleinerungsaktionen angepasst wird.

Durch Anklicken der Schaltflächen können Sie Folgendes erreichen:

☐ TATSÄCHLICHE PIXEL: Ein Klick darauf stellt das Foto in Originalgröße dar.
☐ GANZES BILD: Diese Option passt das Bild so an, dass es das gesamte Dokumentenfenster voll ausfüllt.
☐ AUSGABEGRÖSSE: Mit dieser Einstellung wird Ihnen das Bild in der Größe angezeigt, in der es auch ausgedruckt wird.

4.1.2   So verschiebt man einen Bildausschnitt

Gerade, wenn Sie mit einer starken Vergrößerung arbeiten, werden Sie öfters den Wunsch haben, den Bildausschnitt zu wechseln.

Diese Aktion kann mit dem HAND-WERKZEUG problemlos erledigt werden.

☑ Wählen Sie es aus und bewegen Sie es über den Bildausschnitt.

Bild 4.4:
Ausschnitte werden mit
dem HAND-WERKZEUG
verschoben

☑ Klicken Sie und ziehen Sie bei gedrückter linker Maustaste in die gewünschte Richtung.

Wie Sie sehen, hat dieses Werkzeug die gleiche Wirkung wie das Scrollen der Bildlaufleisten, erlaubt aber wesentlich geschmeidigere Bewegungen.

4.1.3   Navigieren leicht gemacht

Eine Kombination der soeben vorgestellten Werkzeuge stellt der Navigator dar. Mithilfe dieser Palette können Sie schnell einen Bildbereich anzeigen und die Zoom-Stufe ändern. Sie finden ihn auf der gleichnamigen Palette im Palettenraum.

☑ Klicken Sie einfach auf das Register und schon werden die Einstellungen sichtbar.

Das gesamte Bild wird daumennagelgroß dargestellt. Zudem befindet sich darin ein roter Rahmen, der die Grenzen des Bildfensters symbolisiert. Um diesen zu verschieben, bewegen Sie den Mauszeiger innerhalb der Linien, woraufhin dieser die Form einer Hand annimmt. Mit gedrückter Maustaste können Sie ihn dann verschieben.

Bild 4.5:
Mit dem Navigator
erreichen Sie schnell
die gewünschte Stelle

Möchten Sie einen größeren Bereich überwinden, dann zeigen Sie auf die Stelle im Bild, die Sie angezeigt bekommen möchten. Der Mauszeiger nimmt dann die Form eines Zeigefingers an. Wenn Sie anschließend an diese Stelle klicken, platziert *Photoshop Elements* den Rahmen an dieser Stelle. Praktisch – nicht?

Des Weiteren haben Sie die Möglichkeit, den Bildausschnitt zu zoomen. Dazu dient der Schieberegler am unteren Rand der Palette. Wenn Sie ihn bei gedrückter Maustaste nach links verschieben, können Sie den Zoomfaktor reduzieren, wenn Sie ihn dagegen nach rechts ziehen, auf bis zu 1600% erhöhen. Die gleiche Wirkung erzielen Sie, wenn Sie die beiden Schaltflächen neben dem Regler betätigen.

Das Ergebnis Ihrer Bemühungen wird Ihnen in beiden Fällen in dem Zahlenfeld am linken Rand angezeigt.

4.1.4   Zwei sehen mehr als einer

Wie Sie gesehen haben, betreffen die eben vorgestellten Aktionen stets das aktuelle Bildfenster. Jedes Bild kann aber in *Photoshop Elements* in mehreren Fenstern mit verschiedenen Ansichten gezeigt werden.

☑ Um ein zusätzliches Fenster, beispielsweise für eine höhere Vergrößerungsstufe zu öffnen, rufen Sie einfach den Menüpunkt ANSICHT ◆ NEUE ANSICHT auf.

Photoshop Elements öffnet daraufhin ein neues Fenster und Sie können dort die gewünschten Schritte – etwa eine andere Vergrößerung – vornehmen.

Wie behält man da den Durchblick?

Keine Sorge, Sie müssen sich nicht merken, welches das erste Fenster war. Die Bearbeitung des Bildes in einer Ansicht wirkt sich automatisch auf alle Ansichten des Bildes gleichermaßen aus.

4.2   Wie entfernt man zu viel Rand?

Vielleicht haben Sie sich schon beim Einscannen Ihrer Fotos Gedanken gemacht, wie Sie es mit einem eventuell vorhandenen Rand handhaben sollen oder Sie möchten von einem Bild, welches Sie mit Ihrer Digitalkamera aufgenommen haben, lediglich einen kleinen Ausschnitt behalten und würden den Rest am liebsten wegschneiden.

Kein Problem. Eine solche Aktion können Sie mit *Photoshop Elements* recht einfach durchführen. Der Fachbegriff dafür heißt freistellen.

 Eine solche Aktion führen Sie mit dem FREISTELLUNGSWERKZEUG durch, welches Sie in der Werkzeugleiste finden.

☑ Aktivieren Sie durch Anklicken das Werkzeug. Der Mauszeiger nimmt daraufhin die Form des Werkzeugs an.

☑ Klicken Sie damit auf das Bild und ziehen Sie bei gedrückter linker Maustaste diagonal einen Rahmen über dem Abschnitt auf, den Sie freistellen wollen.

Es erscheint ein gestrichelter Rahmen um den gewählten Bildausschnitt und gleichzeitig werden die Bereiche außerhalb des Ausschnitts grau dargestellt. Das sind die Teile des Bildes, die nachher wegfallen werden.

Diese Abdeckung können Sie über die Optionsleiste Ihren Wünschen gemäß verändern. So lässt sich beispielsweise die Farbe und/oder deren Deckkraft ändern.

Wenn Sie den Rahmen etwas zu groß oder zu klein aufgezogen haben, können Sie die Größe des Auswahlrechtecks jederzeit ändern.

☑ Bewegen Sie dazu den Mauszeiger auf einen der Eckpunkte, man spricht auch von Griffen.

☑ Wenn er die Form eines Doppelpfeils annimmt, können Sie durch Ziehen bzw. Schieben den Ausschnitt auf die gewünschte Größe bringen.

Darüber hinaus können Sie den Beschneidungsbereich auch drehen und so recht interessante Effekte zaubern.

☑ Platzieren Sie dazu den Mauszeiger außerhalb des Bereichsrahmens.

Wenn Sie sich jetzt einem der Griffe von außen her nähern, nehmen diese die Form eines gebogenen Doppelpfeils an.

☑ Klicken Sie mit der Maus und ziehen Sie nun bei gedrückter linker Maustaste den Rahmen in die gewünschte Richtung. Wie Sie sehen, wird der Bereich gedreht.

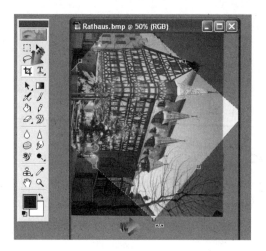

Haben Sie auf diese Art und Weise den von Ihnen vorgesehenen Ausschnitt markiert und wollen das Bild endgültig beschneiden, dann gehen Sie in allen Fällen wie folgt vor:

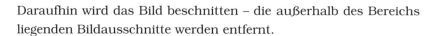

☑ Achten Sie darauf, dass das FREISTELLUNGSWERKZEUG aktiviert ist.

☑ Bewegen Sie den Mauszeiger innerhalb des Bereiches, woraufhin er die Form eines kleinen nach links weisenden Pfeils annimmt.

☑ Klicken Sie doppelt mit der Maus, wählen Sie den Befehl BILD ◆ FREISTELLEN oder klicken Sie in der Optionsleiste auf das Symbol AKTUELLEN FREISTELLUNGSVORGANG BESTÄTIGEN.

Daraufhin wird das Bild beschnitten – die außerhalb des Bereichs liegenden Bildausschnitte werden entfernt.

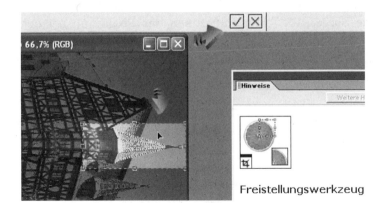

Freistellungswerkzeug

Achten Sie mal auf die Palette HINWEISE

Wenn Sie die vorherige Abbildung näher betrachten, fällt Ihnen bestimmt der Ausschnitt der Palette HINWEISE auf. Achten Sie beim Arbeiten mit *Photoshop Elements* einmal darauf. Mithilfe dieser Palette können Sie Werkzeuge und Paletten schneller kennen lernen, denn immer, wenn Sie ein Werkzeug auswählen, erscheinen hier hilfreiche Informationen zur Verwendung des jeweiligen Werkzeugs.

4.3   Wie rückt man ein Bild gerade?

Vielleicht kennen Sie auch Loriots Sketch mit dem Bild, welches er versucht gerade zu rücken und dabei ein heilloses Durcheinander anrichtet?

Beim Einscannen von Bildern passiert es recht häufig, dass diese verzerrt werden. Legen Sie beispielsweise ein Foto quer auf den Scanner, dann erscheint es beim Öffnen in *Photoshop Elements* gedreht.

Doch keine Sorge. Auch hier hilft Ihnen das Programm bei der Lösung dieses Problems. Sie werden sehen, wie schnell Sie ein gedrehtes Bild mit einem der Befehle zum Begradigen von Bildern korrigieren können.

4.3.1 Bilder drehen

Zunächst einmal können Sie die Bilder drehen. Wenn Sie beispielsweise ein Bild, welches Sie quer eingescannt haben, in die Horizontale bringen wollen, dann gehen Sie so vor:

☑ Öffnen bzw. aktivieren (durch Anklicken) Sie zunächst das Bild.

☑ Rufen Sie dann die Menüreihenfolge BILD ♦ DREHEN auf.

Hier finden Sie eine Reihe von Menüpunkten, mit denen Sie das gesamte Bild ausrichten können. So können Sie das Bild um 90° nach links oder rechts oder gar um 180° einfach per Mausklick drehen.

☑ Wählen Sie für unser Beispiel den Eintrag ARBEITSFLÄCHE 90° LINKS und klicken Sie darauf.

Augenblicklich „kippt" *Photoshop Elements* das Bild um – und unser Rathaus steht auf den Boden der Tatsachen.

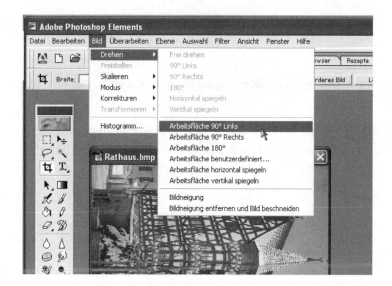

Bild 4.9:
Bilder ausrichten über
die Funktion Arbeitsflä-
che drehen

Nicht immer wird es so leicht gehen, wie in dem gerade gezeigten Fall. Haben Sie beispielsweise das Bild nur um einige Grade schief auf den Scanner gelegt, dann kommen Sie mit den vorgegebenen Werten nicht weiter.

☑ In diesem Fall wählen Sie den Menüpunkt BILD ◆ DREHEN ◆ AR-BEITSFLÄCHE BENUTZERDEFINIERT an.

☑ Hier tragen Sie dann in dem Zahlenfeld den gewünschten Winkel ein und legen abschließend noch fest, ob Sie links oder rechts herum drehen wollen.

Bild 4.10:
Bilder per Eingabe
exakt drehen

Warum sind die oberen Menüpunkte des Befehls Drehen **gesperrt?**

Mit diesen Befehlen können Sie einen zuvor mit dem Auswahlwerkzeug markierten Bildausschnitt drehen. Zum Ausrichten des Bildes sind diese Funktionen somit nicht geeignet.

4.3.2   Bildneigung entfernen

Nicht immer werden Sie mit den eben gezeigten Techniken zum gewünschten Ergebnis kommen. So benötigt das Ausrichten eines Bildes über die Funktion benutzerdefiniertes Drehen oft mehrere Ansätze.

Hier ist es leichter, die Funktion Bildneigung entfernen und Bild beschneiden aus dem Menü Bild ◆ Drehen anzuwenden.

Bild 4.11:
Mit diesem Befehl
richten Sie ein Bild
schnell aus

Wenn Sie diesen Befehl ausführen, analysiert *Photoshop Elements* das Bild und richtet es dann völlig selbstständig aus.

Probieren Sie es aus – das Ergebnis wird Sie verblüffen.

Einen kleinen Wermutstropfen gibt es allerdings, wenn die Kanten des gedrehten Fotos zu nahe an den Begrenzungen des Bildfensters liegen. In diesem Fall bleiben weiße oder graue Ränder stehen, die das Ergebnis abwerten.

Doch auch dieses Problem lässt sich leicht lösen.

☑ Rufen Sie den Befehl ARBEITSFLÄCHE VERGRÖßERN auf, den Sie im Menü BILD ✦ SKALIEREN finden.

Bild 4.12:
Vergrößern Sie gegebenenfalls die Arbeitsfläche

Mit diesem Befehl können Sie die Arbeitsfläche um ein Bild herum vergrößern oder verkleinern. Dabei wird eine hinzugefügte Arbeitsfläche in der aktuellen Hintergrundfarbe oder der Transparenz des Hintergrunds angezeigt.

☑ Wählen Sie die gewünschten Maßeinheiten (also z. B. CM, PIXEL oder PROZENT).

☑ Tragen Sie die gewünschten Maße in die Felder BREITE und HÖHE ein.

☑ Bestimmen Sie gegebenenfalls unter Position die Position des Bildes auf der neuen Arbeitsfläche, indem Sie auf das entsprechende Quadrat klicken und

☑ klicken Sie abschließend auf OK.

Führen Sie dann noch die Befehle für das Begradigen des Bildes aus. Entspricht das Ergebnis immer noch nicht Ihren Vorstellungen, so entfernen Sie noch eventuell übrig gebliebene Ränder mithilfe des Freistellungswerkzeugs.

4.4 Wie ändert man die Bildgröße?

Manchmal wird es vorkommen, dass Sie die Bildeigenschaften wie Größe (Format) und Auflösung nachträglich Ihren persönlichen Erfordernissen anpassen wollen.

4.4.1 Bilder duplizieren

Bevor Sie die folgenden Arbeiten durchführen, ist es ratsam, dass Sie nicht mit dem Originalbild arbeiten, denn gemäß Murphys Gesetz kann immer mal etwas schief gehen. Zwar könnten Sie eine' Sicherungskopie auf Betriebssystemebene anlegen, doch *Photoshop Elements* bietet Ihnen eine komfortablere Lösung.

So können Sie zunächst unbesorgt Aktionen oder Einstellungen an einer Kopie austesten, während das Original unberührt davon bleibt. Geht etwas schief, dann greifen Sie einfach auf die Urfassung zurück – bzw., dann erstellen Sie von der Urfassung eine weitere Kopie.

Um eine solche Kopie zu erstellen, muss das Bild geladen bzw. aktiviert sein.

☑ Rufen Sie dann den Menüpunkt Bearbeiten ◆ Bild Duplizieren auf.

Es erscheint ein kleines Dialogfenster, in dem Sie einen Namen für das Bild eintragen können. Standardmäßig fügt *Photoshop Elements* dem Bild den Zusatz Kopie (gefolgt von einer durchlaufenden Nummer, wenn Sie mehrere Kopien erstellen) an.

Wenn Sie dann das Dialogfenster mit einem Klick auf OK schließen, fügt das Programm sofort eine völlig identische Kopie auf Ihre Arbeitsfläche ein.

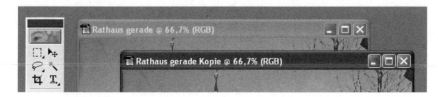

Bild 4.13:
Aus ein mach zwei!

4.4.2 Bildgröße ändern

☑ In diesem Fall rufen Sie den Menüpunkt Bild ◆ Skalieren ◆ Bildgröße auf, um an das Dialogfenster Bildgröße zu gelangen. Hier können Sie die entsprechenden Einstellungen vornehmen.

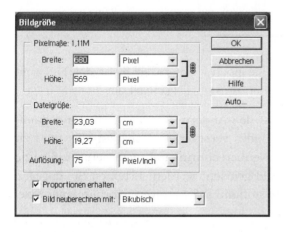

Bild 4.14:
Anpassungen der Bildgröße nehmen Sie hier vor

Im Bereich Pixelmaße können Sie die neue Breite und Höhe angeben. Möchten Sie das Bild prozentual vergrößern oder verkleinern, so wählen Sie aus den dahinter liegenden Listenfeldern den Eintrag Prozent aus.

Das Verkettungssymbol dahinter weist Sie übrigens darauf hin, dass das Bild proportional skaliert wird. Deshalb genügt es, wenn Sie einen der beiden Werte eingeben. Der zweite wird dann von *Photoshop Elements* automatisch berechnet. Wünschen Sie diese – zumeist sinnvolle – Maßnahme nicht, deaktivieren Sie einfach das Kontrollkästchen PROPORTIONEN ERHALTEN.

Im Bereich DATEIGRÖßE können Sie über die Felder BREITE und HÖHE die neue Größe in absoluten Werten eingeben.

Zusätzlich können Sie auch die neue Auflösung des Bildes festlegen, indem Sie den entsprechenden Wert in das Feld eintragen. Wenn Sie sich nicht ganz sicher sind, können Sie alternativ die Schaltfläche AUTO anklicken.

Es erscheint das Dialogfenster AUTO-AUFLÖSUNG. In diesem hat *Photoshop Elements* bereits die optimale Auflösung in Linien pro Zentimeter eingestellt.

Bild 4.15:
Automatisch die
Auflösung einstellen

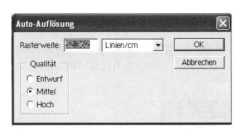

Abschließend aktivieren Sie noch – sofern es nicht der Fall sein sollte – das Kontrollkästchen BILD NEU BERECHNEN MIT.

Unter Neuberechnen wird das Ändern der Pixelmaße (und damit der Anzeigegröße) eines Bildes verstanden. Dabei ist allerdings zu beachten, dass bei einer Neuberechnung mit niedrigerer Auflösung Daten (Pixel) aus dem Bild gelöscht werden. Erhöhen Sie dagegen die Auflösung, so werden anhand der Farbwerte vorhandener Pixel neue Pixel hinzugefügt.

Hierbei gilt zu bedenken, dass das Neuberechnen sich nachteilig auf die Bildqualität wie folgt auswirken kann:

☐ Die Vergrößerung führt durch das Hinzufügen von Pixeln dazu, dass die Detailgenauigkeit und Schärfe des Bildes abnimmt. Sie erkennen das daran, dass je mehr Sie das Bild vergrößern, es umso unschärfer wird.

☐ Bei einer Verkleinerung fallen Bildinformationen dagegen weg, so dass insbesondere an den Rändern unschöne Treppcheneffekte auftreten können.

Vermeiden Sie – wenn möglich – das Neuberechnen

Wie Sie sehen, ist das Neuberechnen nicht ganz unproblematisch. Vermeiden Sie es möglichst, indem Sie das Bild mit einer hohen Auflösung scannen oder erstellen.

Wie Sie gesehen haben, wird beim Neuberechnen von Bildern die Auflösung dadurch erhöht, dass zusätzliche Pixel eingefügt werden. Deren Farbinformationen werden anhand der umgebenden Pixel als Mittelwert berechnet. Dieses Verfahren wird als Interpolation bezeichnet. Und wie gesehen, führt dieser Vorgang nicht zu einer Verbesserung der Bildqualität, da ja keine zusätzlichen Details eingefügt werden.

Trotzdem können Sie Einfluss auf das Ergebnis nehmen, wenn Sie die Methode, nach der diese Pixel berechnet werden, festlegen. Je ausgefeilter nämlich die Methode, den Pixeln Farbwerte zuzuweisen, desto mehr bleibt von der Qualität und den Details des Originalbildes erhalten.

Diese Einstellung nehmen Sie über das Listenfeld nach dem Kontrollkästchen BILD NEU BERECHNEN MIT vor. Hier finden Sie die drei folgenden Interpolationsmethoden:

☐ Pixelwiederholung: Bei der schnellsten der drei Varianten können Zackeneffekte auftreten, da die Wiederholung sehr schnell dem Auge auffällt. Diese Option sollten Sie nur nehmen, wenn Sie harte Kanten erhalten oder eine kleinere Datei erzeugen möchten bzw. müssen.

- Bilinear: Hier erzielen Sie eine mittlere Qualität, die einen Kompromiss darstellt.

- Bikubisch: Die letzte Variante ist die langsamste, aber präziseste Methode. Sie erzeugt sehr weiche, harmonische Farbübergänge durch gleichmäßige Tonabstufungen.

4.5 Wie behält man den Überblick?

Wenn Sie erst einmal eine Reihe von Bildern bearbeitet haben, werden Sie schnell nach einer Hilfe suchen, die Ihnen wichtige Informationen dokumentiert. In *Photoshop Elements* können Sie jedem Bild Informationen oder einen Copyright-Vermerk beifügen.

☑ Um einem Bild solche Hinweise hinzuzufügen, rufen Sie zunächst das Menü DATEI ◆ OBJEKTBESCHREIBUNG auf.

☑ In dem folgenden Dialogfenster tragen Sie die gewünschten Informationen in das Feld OBJEKTBESCHREIBUNG ein.

Bild 4.16:
Für die optimale
Archivierung können Sie
Bildern Informationen
zufügen

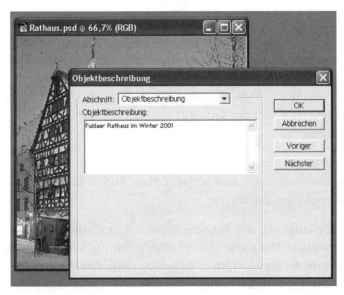

Wünschen Sie beispielsweise auch einen Copyright-Vermerk, dann klicken Sie auf das Listenfeld ABSCHNITT (oder auf die Schaltfläche NÄCHSTER) und wählen den Eintrag COPYRIGHT & URL aus.

Dort nehmen Sie dann die gewünschten Einstellungen vor.

5 Farbe im Spiel

Nachdem Sie Ihre Fotos computergerecht bearbeitet haben, wird es Zeit, diese aufzuarbeiten.
So werden Sie im Folgenden lernen,
- was es mit dem Farbmanagementsystem auf
  sich hat,
- welche Rolle die Farbmodelle bei der Bildbearbeitung spielen,
- wie Sie Ihren Monitor kalibrieren können,
- wie man Bilder konvertiert und
- welche Bedeutung die Farbtiefe spielt.

Sie sind jetzt mit der Arbeitsumgebung und den grundlegenden
Funktionen des Programms vertraut, nun wird es Zeit, die Qualität der Bilder zu verbessern.

5.1 Photoshop Elements und die Farben

Farben sind eine universale Sprache, die unsere Emotionen be-
rühren. Mit dem Computer können Sie alle Farben verwenden, die
Sie sich jemals wünschen könnten: Sie haben die Wahl unter
mehr als 16 Millionen Farben.

5.1.1 Wieso sieht jeder andere Farben?

Die vom menschlichen Auge wahrgenommene Farbe eines Objekts
beruht auf der Fähigkeit dieses Objekts, Licht zu reflektieren, zu
absorbieren oder auszustrahlen. So wie jeder Mensch einzigartig
ist, so einzigartig ist auch sein Farbempfinden. Was dem einen zu
hell ist, kann der andere wiederum als zu dunkel empfinden.

Die Anzahl der Farben, die Sie auf Ihrem Bildschirm sehen können, hängt wiederum von Ihrem Monitor und den Systemeinstell-
lungen ab; die Farbe, die Sie in Ihrem Ausdruck erhalten, von dem
verwendeten Drucker.

Und ähnlich wie bei uns Menschen kommt hinzu, dass jedes Gerät (Farbmonitor, Scanner, Digitalkamera, Drucker) einen unterschiedlichen Bereich von Farben reproduziert. Dieser wird als Farbumfang bezeichnet. Das Problematische daran ist, dass selbst ähnliche Geräte, wie etwa zwei Bildschirme desselben Herstellers, ein und dieselbe Farbe unterschiedlich wiedergeben können.

Sie können sich sicherlich vorstellen, dass dadurch nicht unerhebliche Problem entstehen, die gelöst sein wollen.

5.1.2 So nehmen Sie die Farbeinstellung vor

Ein Lösungsansatz für dieses Problem besteht in einem so genannten Farbmanagementsystem. Ein solches System gewährleistet konsistente Farben zwischen unterschiedlichen Geräten. Im Idealfall bedeutet dies, dass die Farben auf Ihrem Bildschirm exakt mit den Farben im gescannten und im gedruckten Bild übereinstimmen.

Photoshop Elements ist mit einem solchen System ausgestattet, das zudem den Konventionen des ICC (International Color Consortium) entspricht.

☑ Öffnen Sie zunächst die Datei, der Sie das Farbmanagement zuweisen wollen.

☑ Rufen Sie dann BEARBEITEN ◆ FARBEINSTELLUNGEN auf.

Es erscheint das gleichnamige Dialogfenster.

Hier können Sie über die Optionsfelder unter folgenden Einstellungen wählen:

☐ KEIN FARBMANAGEMENT: In diesem Fall wird das Bild mit keinem Farbprofil verknüpft.
☐ EINGESCHRÄNKTES FARBMANAGEMENT: Hiermit versehen Sie das Bild mit einem Standardfarbprofil für Webgrafiken, welches den reduzierten Farben gerecht wird.
☐ VOLLSTÄNDIGES FARBMANAGEMENT: Möchten Sie die Bilder ausdrucken, dann ist dieses Profil die richtige Wahl.

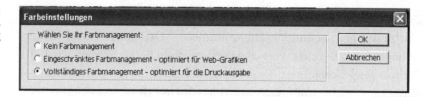

☑ Bestätigen Sie Ihre Wahl mit OK.

Anschließend müssen Sie die Veränderungen noch abspeichern.

☑ Wählen Sie dazu DATEI ◆ SPEICHERN UNTER, und markieren Sie in diesem Dialogfeld die Option ICC-PROFIL.

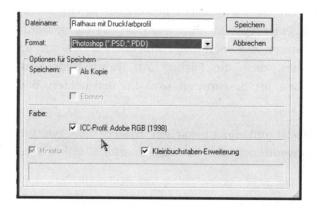

☑ Mit einem Klick auf SPEICHERN beenden Sie diesen Vorgang.

5.1.3 Ist Ihr Monitor bereit?

Vielleicht werden Sie sich ein wenig über die Überschrift gewundert haben. Doch damit das Farbmanagement optimal funktionieren kann, muss Ihr Computermonitor kalibriert sein. Ist das nicht der Fall, können sich die Bilder beim Drucken oder Anzeigen auf einem anderen Monitor erheblich von den Bildern auf Ihrem Monitor unterscheiden.

Auch wenn sich der Begriff des Kalibrierens sehr fachmännisch anhört, ist der Vorgang es beileibe nicht mehr. Dank des mit *Photoshop Elements* mitgelieferten Dienstprogramms ADOBE GAMMA können Sie Ihren Monitor dialoggesteuert auf einen Standard kalibrieren und charakterisieren.

Bevor Sie den folgenden Vorgang starten, sollte der Monitor seit mindestens einer halben Stunde in Betrieb sein und Tausende von Farben (16-Bit) oder mehr anzeigen.

☑ Starten Sie dann das Dienstprogramm *Adobe Gamma*. Sie finden es direkt in der Systemsteuerung.

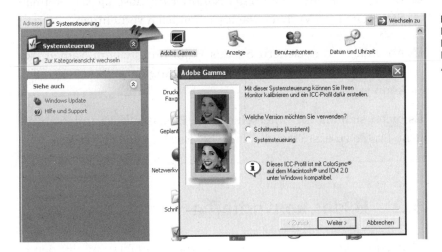

Bild 5.3:
Kalibrieren Sie Ihren Monitor mit dem Dienstprogramm *Adobe Gamma*

Am einfachsten ist der Kalibrierungsvorgang mit Unterstützung des Assistenten.

☑ Aktivieren Sie deshalb die Option SCHRITTWEISE (ASSISTENT) und klicken Sie auf WEITER.

Befolgen Sie dann die Anweisungen des Dienstprogramms.

☑ Vergeben Sie als Nächstes einen eindeutigen und sinnvollen Namen für das Profil.

☑ Sodann stellen Sie die Helligkeit- und Kontrastregler Ihres Monitors auf optimale Werte ein.

☑ Anschließend nehmen Sie die Spezifikationen für die Phosphorfarben vor. Befindet sich Ihr Monitor nicht im Listenfeld, so sollten Sie einmal auf der Webseite des Herstellers nachschauen, ob Sie sich ein entsprechendes Profil herunterladen können.

☑ Danach definieren Sie mithilfe der Gammaregelung, wie hell die Mitteltöne dargestellt werden.

☑ Sodann definieren Sie den Weißpunkt des Monitors, d. h. ob Sie ein warmes oder kaltes Weiß bevorzugen.

☑ Bevor Sie die Arbeiten an der Kalibrierung abschließen, können Sie noch einen Vorher-/Nachher-Vergleich vornehmen

☑ Abschließend speichern Sie das Profil unter einem Namen, sodass Sie bei einer eventuellen Verstellung darauf zurückgreifen können.

Es bietet sich an, für unterschiedliche Einsatzzwecke unterschiedliche Profile zu erstellen, die dann bei Bedarf geladen werden.

5.2 Bilder konvertieren

Photoshop Elements bietet eine Reihe von Techniken an, mit denen Sie die Qualität eines Bildes optimieren können. Doch bevor Sie mit den eigentlichen Arbeiten beginnen, sollten Sie mit den grundlegenden Farbmodellen vertraut sein.

5.2.1 Welche Bedeutung haben Farbmodelle?

Farben werden über so genannte Farbmodelle definiert. Dabei handelt es sich meist um dreidimensionale Modelle zur Darstellung der Farbbeziehungen und Farbwerte.

In *Photoshop Elements* stehen die Farbmodelle HSB und RGB zum Auswählen und Bearbeiten von Farben zur Verfügung. Um diese zu verstehen, sollten Sie wissen, dass das menschliche Auge Farben lediglich anhand von drei Eigenschaften wahrnimmt: Farbton, Sättigung und Helligkeit. Dem entspricht das HSB-Farbmodell, dessen Benennung sich aus den englischen Bezeichnung

Hue (für Farbton), Saturation (für Sättigung) und Brightness (für Helligkeit) zusammensetzt.

Um das Verständnis für diese Modelle etwas plastischer zu machen, sollten Sie einmal mit dem FORM-AUSWAHL-WERKZEUG einen Doppelklick auf das Feld VORDERGRUNDFARBE EINSTELLEN ausführen, um an das folgende Dialogfenster FARBWÄHLER zu gelangen.

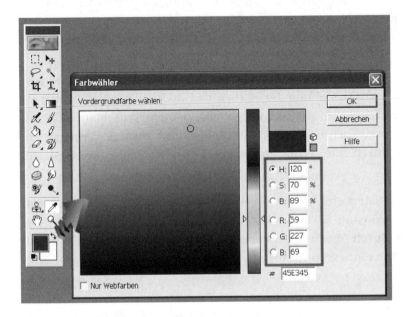

Bild 5.4:
Im Farbauswähler haben Sie Zugriff auf die Farbmodelle

Auf der rechten Seite dieses Dialogfensters finden Sie im oberen Bereich die Einstellungsoptionen für das HSB-Modell.

Prinzipiell geht dieses Farbmodell von einem Farbkreis aus, bei dem jeder Farbton durch seine Position in Gradzahlen definiert wird. So ergeben sich 360 verschiedene Farbtöne. Die Sättigung legt die Reinheit der Farbe in Prozentwerten fest, wobei eine reine Farbe einen Sättigungsgrad von 100% und 0% einem Grau entspricht. Die Einstellung des Graus wird wiederum über die Helligkeit vorgenommen, wobei 100% einem reinen Weiß und 0% einem Schwarz entsprechen.

Photoshop Elements kann keine Bilder im HSB-Modus erstellen oder bearbeiten

Sie können mit dem HSB-Modell in *Photoshop Elements* zwar eine Farbe im Dialogfeld Farbwähler definieren, das Erstellen und Bearbeiten von Bildern in diesem Modus ist jedoch nicht möglich.

Im Gegensatz dazu verwenden Scanner, Digitalkameras und Monitore zur Darstellung der Farben das RGB-Farbmodell, wobei sie unterschiedliche Mengen an rotem, grünem und blauem (RGB) Licht produzieren. Ihr Computerbildschirm erzeugt Farbe, indem Licht durch rote, grüne und blaue Phosphorteilchen ausgestrahlt wird.

Die Anteile werden dabei in einer Skala von 0 bis 255 festgelegt. Rot, Grün und Blau sind so genannte additive Primärfarben, die nicht durch Mischung anderer Farbtöne erzeugt werden können. Alle drei Farben zusammen (addiert) ergeben die Farbe Weiß.

5.2.2 Die Wahl des „richtigen" Farbmodus

Photoshop Elements bietet Ihnen für die Anzeige und Ausgabe von Bildern verschiedene Farbmodi an. Dazu müssen Sie wissen, das die Farbmodi, man spricht auch von Farbtiefe, nicht nur die Anzahl der Farben, die in einem Bild angezeigt werden können bestimmen, sondern auch auf die Dateigröße eines Bildes einen erheblichen Einfluss haben. Die Farbtiefe bestimmt letzten Endes die Anzahl von Bits, die zur Darstellung der Farbe eines Pixels verwendet werden. Sie reicht von einem bis zu 24 Bit. Dabei gilt die Grundregel, dass je mehr Bits zur Beschreibung der Farbe eines Pixels zur Verfügung stehen, desto mehr Farbtöne können dargestellt werden.

Diese Farbmodi stehen Ihnen zur Verfügung

In *Photoshop Elements* können Sie mit den folgenden vier Farb-modi arbeiten:

☐ RGB: Dieser Modus ist der Standardmodus für neue *Photoshop-Elements*-Bilder. Er weist jedem Pixel einen Intensitätswert zwischen 0 (Schwarz) und 255 (Weiß) für die einzelnen RGB-Komponenten zu. Jeder der drei Primärfarben wird eine Intensität von 0 - 255 zugeordnet, was somit dem 8-Bit-Modus entspricht. Dadurch sind rund 16,7 Millionen Farben (2^8 x 2^8 x 2^8) möglich, wodurch die Farben ohne Qualitätsverlust dargestellt werden können. In diesem Zusammenhang spricht man auch von True Color bzw. einer Farbtiefe von 24 Bit.

☐ Bitmap: Dieser Modus hat lediglich die Farbtiefe von einem Bit, da er für die Darstellung der Pixel in einem Bild entweder den Farbwert Schwarz oder Weiß verwendet.

☐ *Graustufen*: Graustufenbilder verfügen über eine Farbtiefe von acht Bit. Dieser Modus arbeitet mit somit bis zu 256 Grau-schattierungen, wobei jeder Pixel eines Graustufenbildes einen Helligkeitswert zwischen 0 (Schwarz) und 255 (Weiß) besitzt. Dieser Modus eignet sich vor allem zur Darstellung von Schwarzweißfotos.

☐ Indizierte Farben: Bei diesem Farbmodus werden die Farben des Bildes durch die Farben einer Palette ersetzt. Da es sich um einen 8-Bit-Modus handelt, können so bis zu 256 Farben ersetzt werden. Bei solchen Farbpaletten handelt es sich entweder um solche mit festgelegten Werten oder solche, die aufgrund der Häufigkeit der Farben im Bild ermittelt werden. *Photoshop Elements* geht den letzteren Weg und erstellt beim Konvertieren in indizierte Farben eine Farbtabelle. Ist eine Farbe des Originalbildes nicht in der Tabelle enthalten, wird die ähnlichste Farbe gewählt oder die Farbe mit den verfügbaren Farben simuliert. Wie Sie sich sicherlich vorstellen können, kommt es bei diesem Vorgang zu einem Qualitätsverlust, sodass sich Bilder in diesem Modus nicht unbedingt für eine qualitativ hochwertige Reproduktion eignen. Möchten Sie die Bilder jedoch in einer Internetpräsentation oder in einer Multimediaanwendung einsetzen, dann ist dieser Modus immer eine Überlegung wert, denn diese Bilder stellen an den Speicherbedarf und an die Hardware wesentlich geringere Anforderungen.

So können Sie die Farbtiefe ändern

Wie Sie gesehen haben, bestimmt der Farbmodus die Anzahl der Bits, die zur Darstellung der Farbe eines Pixels verwendet wird. Nicht immer werden Sie ein Bild mit einer Farbtiefe von 24-Bit benötigen und deshalb diese ändern wollen. Wenn der Farbmodus nachträglich verändert wird, nennt man das Konvertierung.

Wenn Sie jedoch einem Bild einen anderen Farbmodus zuweisen, dann werden die Farbwerte des Bildes dauerhaft geändert. So können Sie zwar ein Bild im RGB-Modus in ein Bild mit Graustufen umwandeln, der umgekehrte Weg ist Ihnen aber verschlossen, weil in diesem Fall die Farbinformationen fehlen. Eine Konvertierung ist stets mit einem Verlust an Informationen verbunden, der nicht wiederhergestellt werden kann. Deshalb sollten Sie Folgendes unbedingt beachten:

☐ Verwenden Sie möglichst Bilder im RGB-Format.

☐ Bearbeiten Sie die Bilder auch weitestgehend in diesem Modus.

☐ Bevor Sie eine Konvertierung vornehmen, sollten Sie eine Sicherheitskopie erstellen. Im Notfall können Sie so stets auf das Original zurückgreifen und unter Umständen neu von vorne anfangen.

Bild duplizieren

Arbeiten Sie stets mit einem Duplikat Ihres Originalbildes. Markieren Sie das Bild, welches Sie konvertieren wollen und rufen Sie dann BEARBEITEN ◆ BILD DUPLIZIEREN auf und führen Sie den Vorgang an dem Duplikat durch.

So wandeln Sie ein Farbbild in ein Graustufenbild um

Um ein RGB-Bild beispielsweise in ein Graustufenbild umzuwandeln, gehen Sie so vor:

☑ Wählen Sie zunächst die Menüfolge BILD ◆ MODUS.

☑ Markieren Sie den gewünschten Modus, also GRAUSTUFEN, und klicken Sie einmal.

Die im Menü grau dargestellten Befehle sind für das aktive Bild nicht verfügbar. So können Sie beispielsweise nicht direkt ein RGB-Farbe-Bild in ein Bitmap-Bild umwandeln. Dieser Vorgang ist erst nach einer Konvertierung in ein Graustufenbild möglich.

☑ Sie erhalten daraufhin ein Hinweisfenster, welches Sie fragt, ob Sie die Farbinformationen verwerfen wollen.

☑ Bestätigen Sie mit OK.

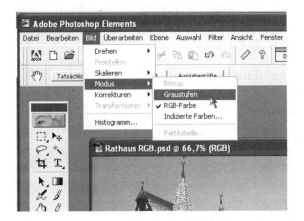

Bild 5.5:
So wandeln Sie
ein Bild um

So wandeln Sie Graustufenbilder in Bitmap-Bilder um

Beim Konvertieren eines Graustufenbilds in den Bitmap-Modus kommt es zu einer Reduktion auf ein Bit. Das Bild enthält nur noch schwarze bzw. weiße Pixel. Dies hat zur Folge, dass sich zum einen natürlich die Dateigröße verringert, auf der anderen Seite aber die Bearbeitungsmöglichkeit des Bildes sehr einschränkt wird. Deshalb sollten Sie ein Bild erst im Graustufenmodus bearbeiten und nach Abschluss aller Arbeiten konvertieren.

Bei der Konvertierung eines Graustufenbilds werden die Informationen für Farbton und Sättigung gelöscht. Diese stellen wichtige

Informationen für die Darstellung eines Bildes dar. Möchte man die Aussagekraft des Bildes erhalten, so stellt sich die Frage, ob die Graustufen im Bild simuliert werden sollen und wenn dass der Fall ist, in welcher Weise. *Photoshop Elements* stellt Ihnen dazu drei Umwandlungsmethoden zur Wahl.

Führen Sie doch zunächst folgende Schritte aus:

☑ Wenn es sich um ein Farbbild handelt, wählen Sie zunächst die Menüfolge BILD ◆ MODUS ◆ GRAUSTUFEN.

☑ Wenn es sich bereits um ein Graustufenbild handelt, wählen Sie gleich die Befehlsfolge BILD ◆ MODUS ◆ BITMAP.

Bei der Umwandlung in die Bitmap erscheint ein Dialogfenster, in welchem Sie zum einen den Wert für die Ausgabeauflösung des Bitmap-Bildes eingeben und zum andern die Bitmap-Konvertierungsmethode bestimmen müssen.

Standardmäßig wird die aktuelle Bildauflösung als Eingabe- und Ausgabeauflösung angezeigt, so dass Sie an dieser Stelle keine Eingabe tätigen müssen.

Bild 5.6:
Geben Sie die Auflösung und die Umwandlungsmethode an

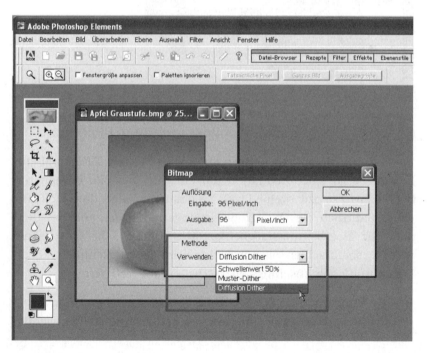

Bei den Bitmap-Konvertierungsmethoden können Sie die folgende Wahl treffen:

- ☐ SCHWELLENWERT 50 %: Bei dieser Konvertierungsmethode werden alle Pixel mit Grauwerten über der mittleren Graustufe (128) in Weiß, alle anderen in Schwarz umgewandelt. Damit wird ein sehr kontrastreiches Schwarzweißbild erzeugt. Grautöne werden bei dieser Umwandlungsmethode nicht erzeugt.

- ☐ MUSTER-DITHER: In diesem Fall wird das Bild durch Anordnen der Graustufen in geometrische Konfigurationen aus schwarzen und weißen Punkten aufgeteilt. Die Grautöne werden hierbei durch eine Rasterung simuliert. Dies erfolgt allerdings symmetrisch, wodurch ein karomusterähnlicher Eindruck entsteht. Die Rasterweite und die Winkel können nicht angepasst werden.

- ☐ DIFFUSION DITHER: Diese Konvertierungsmethode führt zu dem besten Ergebnis, da alle Grautöne, die über dem mittleren Grauwert (128) liegen, in Schwarz umgewandelt werden. Der nahezu gleichmäßige Eindruck des Bildes entsteht dadurch, dass die Rasterung durch eine Zufallsverteilung der einzelnen Pixel simuliert wird, wodurch eine grobkörnige, filmartige Struktur entsteht.

Bild 5.7:
Die Konvertierungsmethoden auf einen Blick

☑ Wählen Sie nun die gewünschte Methode aus und bestätigen Sie Ihre Wahl mit OK.

So konvertieren Sie ein Bitmap-Bild in den Graustufen-Modus

Der umgekehrte Weg ist ebenfalls möglich, wird sich im Regelfall aber nur bei einem Bild lohnen, welches mit der Methode DIFFUSION DITHER umgewandelt wurde.

☑ Markieren Sie das Bild und rufen Sie dann BILD ◆ MODUS ◆ GRAUSTUFEN auf.

☑ Es erscheint das Dialogfenster GRAUSTUFEN, in dem Sie im Feld GRÖßENVERHÄLTNIS einen Wert zwischen 1 und 16 eingeben.

Damit geben Sie den Faktor an, um welches das Bild verkleinert wird. Um ein Graustufenbild beispielsweise um 50% zu verkleinern, müssen Sie als Wert 2 eingeben. Je höher diese Zahl ist, umso stärker wird das Bild verkleinert und gleichzeitig steigt die Qualität, da mehr Graustufen gebildet werden.

Nachteilig ist dann allerdings, dass Sie das Bild nicht mehr stark vergrößern können, da sonst der Treppcheneffekt allzu deutlich erkennbar wird.

So konvertieren Sie in indizierte Farben

Für die Konvertierung in ein indiziertes Farbbild benötigen Sie zunächst ein Graustufen- oder RGB-Bild.

☑ Öffnen Sie dieses zunächst.

Ein RGB-Bild kann über bis zu 16,7 Millionen Farben verfügen, wodurch es dementsprechend viel Speicherplatz benötigt. Für den Einsatz im Internet sind solche Fotos deshalb nicht unbedingt geeignet. Hier bietet sich die Möglichkeit an, das Bild in so genannte indizierte Farben umzuwandeln.

Bei einer Umwandlung wird von dem Bild eine spezifische Farbtabelle erstellt. Diese enthält ausschließlich die Farben, die im Bild tatsächlich vorhanden sind und ist gleichzeitig auf eine Maximalzahl von 256 begrenzt. Auf diese Weise kann die Dateigröße gering gehalten werden und die konvertierten Grafiken eignen sich hervorragend für den Einsatz im Internet.

☑ Wählen Sie dann BILD ♦ MODUS ♦ INDIZIERTE FARBEN.

☑ Es erscheint das Dialogfenster INDIZIERTE FARBE, in dem Sie eine Reihe von Einstellungsoptionen finden.

☑ Aktivieren Sie zunächst das Kontrollkästchen VORSCHAU, um die nachfolgenden Einstellungen gleich am Originalbild zu begutachten.

☑ Wählen Sie anschließend im Bereich PALETTE die gewünschte Palette aus.

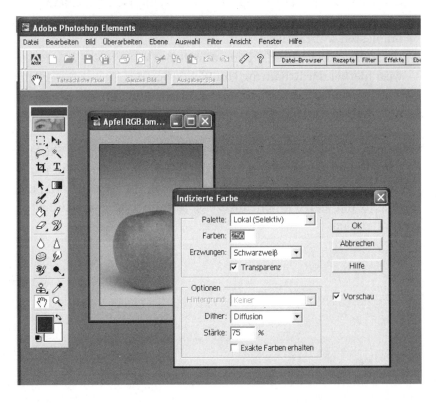

Bild 5.8:
Die Einstellungen der indizierten Farben sind vielfältig

Hierbei können Sie im Listenfeld PALETTE wählen unter:

☐ EXAKT: Bei dieser Option wird eine Palette aus den exakten Farben des Bildes erstellt, sofern das Bild selbst maximal 256 Farben enthält.

☐ SYSTEM (MAC OS): Diese Option ist Ihre Wahl, wenn Sie mit einem Macintosh arbeiten.

☐ SYSTEM (WINDOWS): Finden die Bilder ihren Einsatz auf einem *Windows*-System, dann wird in diesem Fall die 8-Bit-Standardpalette von *Windows* verwendet.

☐ WEB: Diese Option eignet sich für Fotos für das Internet, da die 216-Farben-Palette verwendet wird, die alle Web-Browser auf allen Plattformen für die Anzeige auf Bildschirmen mit nur 256 Farben verwenden.

☐ GLEICHMÄßIG: In diesem Fall wird eine Palette durch gleichmäßige Farbaufnahme aus dem RGB-Farbspektrum erstellt.

☐ LOKAL (PERZEPTIV): Diese Option erstellt eine Palette, indem vorrangig Farben aufgenommen werden, die das menschliche Auge am besten wahrnimmt.

☐ LOKAL (SELEKTIV): Diese Option ähnelt der vorherigen. Allerdings wird hierbei der Erhaltung von Webfarben der Vorrang gegeben.

☐ LOKAL (ADAPTIV): Diese Palette wird durch Aufnehmen der Farben aus dem Spektrum derer, die in dem Bild primär verwendet werden, erstellt.

☐ EIGENE: Mithilfe dieser Variante können Sie eine eigene Farbtabelle bearbeiten und speichern oder eine bereits erstellte Farbtabelle laden. Mit dieser Option wird auch die aktuelle Adaptiv-Palette mit den Farben angezeigt, die im Bild am häufigsten vorkommen.

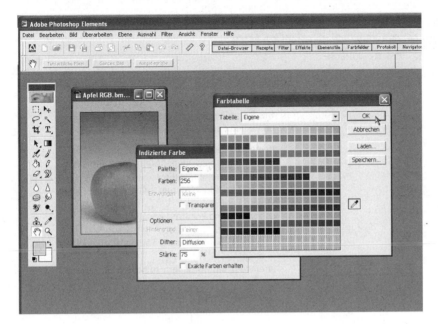

Bild 5.9:
Über die Palette EIGENE
können Sie sich die
Farbtabelle eines Bildes
anzeigen lassen

☐ VORIGE: Verwendet die eigene Palette aus der vorigen Konvertierung, so dass mehrere Bilder mit derselben Palette konvertiert werden können.

Verwenden Sie eine andere Palettenoption als EXAKT, kann es vorkommen, dass die Farbtabelle nicht alle im Bild enthaltenen Farben enthält. In diesem Fall dithern Sie die Farben, die nicht in der Farbtabelle vertreten sind.

Damit *Photoshop Elements* weiß, wie es die Farben simulieren soll, müssen Sie noch die Dithering-Methode in dem Feld DITHER festlegen: Dabei können Sie wählen unter:

☐ OHNE: Diese Option ist Ihre Wahl, wenn Sie das nicht möchten. Allerdings kann es dann zu recht harten Übergängen, die leicht sichtbar sind, kommen.

☐ DIFFUSION: Hier handelt es sich um eine Technik, die mit einer weniger strukturierten Methode als die folgende arbeitet.

☐ MUSTER: Diese Option ist nur in Verbindung mit der Systemfarbtabelle verfügbar und fügt die Bildpunkte per Zufallsverteilung ein.

☐ STÖRUNGSFILTER: Diese Option verringert die Nahtmuster entlang der Kanten der Bilder.

6 Bilder verbessern

Haben Sie auch Bilder, die nicht so aussehen, wie Sie sollten? Sind diese etwa zu dunkel, haben einen Farbstich oder sind zu unscharf?

In diesem Kapitel werden Sie sehen, wie Sie diesen Bildern zu ungeahntem Glanz verhelfen. Sie werden lernen, wie man
□ Bilder begutachten und automatisch verbessern kann,
□ Tonwert und Kontrast korrigieren kann,
□ Lichtprobleme behebt,
□ Farbstiche entfernt und Farben zum Leuchten bringt,
□ eingescannten Bildern zu hellem Glanz verhilft und
□ unscharfe Bilder schärfer macht.

In der Praxis kommt es leider häufiger vor, dass die Bilder nicht so sind, wie man sie gerne hätte. Da keimt schnell der Wunsch nach einer Verbesserung der Bildqualität auf. *Photoshop Elements* bietet genau für diese Zwecke eine Reihe von Funktionen, mit denen Sie die Bildqualität auf einfache Art und Weise verbessern können.

Dazu können Sie folgende Maßnahmen ergreifen:

□ Korrektur und Angleichung der Tonwerte,
□ Bearbeiten der Gradationskurve,
□ Korrektur von Helligkeit und Kontrast,
□ Einstellen von Farbton und Sättigung,
□ Kontrolle der Farbbalance,
□ Vornahme von Farbkorrekturen und nicht zuletzt
□ Schärfen der Bildkanten.

Bei der Verbesserung von Bildern sollten Sie sich an diese Reihenfolge halten, denn die jeweiligen Einstellungen beziehen sich aufeinander und beeinflussen sich gegenseitig.

6.1 Wie beurteilt man Bilder?

Sicherlich werden Sie sich jetzt fragen, wie man die Qualität von Bildern ermitteln soll. Sie haben bislang gelernt, dass Farben und damit auch das Empfinden von Bildern subjektiv sind und zudem auch von der Hardware (beispielsweise der richtigen Einstellung des Monitors) abhängen.

Es gibt aber eine Möglichkeit, die Bildqualität neutral zu ermitteln:

☑ Öffnen Sie das zu begutachtende Bild.

☑ Rufen Sie die Funktion HISTOGRAMM mit BILD ◆ HISTOGRAMM auf.

Es erscheint das gleichnamige Dialogfenster.

6.1.1 So funktioniert ein Histogramm

Ein Histogramm ist eine hilfreiche Sache, denn im Prinzip ist es nichts anderes als die grafische Darstellung der Anzahl der Pixel für jede Helligkeitsstufe in einem Bild.

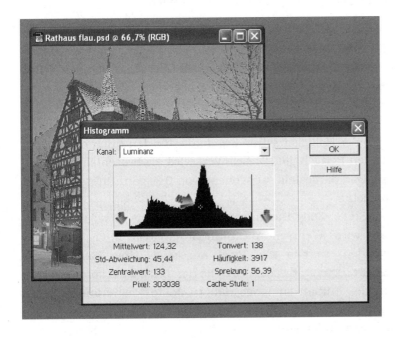

Bild 6.1:
Dieses Bild ist zu flau, hat einen Farbstich und ist zu dunkel

Wenn Sie diesen Befehl aufrufen, werden alle Pixel des Bildes analysiert und deren Häufigkeit festgestellt. So können Sie rasch auf der x-Achse erkennen, ob das Bild genügend Details in den Tiefen, also dunkle Pixel (dunkelster Wert: 0), in den Mitteltönen und in den Lichtern, den hellen Pixeln (hellster Wert: 255), aufweist. Die Höhe der Berge (y-Achse) weist dabei die Häufigkeit der Pixel in der jeweiligen Helligkeitsstufe aus.

Unterhalb des Histogramms werden Ihnen diverse statistische Informationen zu den Farbwerten der Pixel angezeigt. So können Sie Folgendes ablesen:

- MITTELWERT: Angabe des durchschnittlichen Helligkeitswerts.
- STD-ABWEICHUNG: Die Standardabweichung gibt an, wie stark die Helligkeitswerte schwanken.
- ZENTRALWERT: Zeigt den Zentralwert der vorhandenen Helligkeitswerte an.
- PIXEL: Hier finden Sie die Gesamtzahl der zum Berechnen des Histogramms verwendeten Pixel.

Um die folgenden Informationen zu einem bestimmten Punkt auf dem Histogramm zu ermitteln, müssen Sie den Mauszeiger (siehe Pfeil auf obigem Bild) auf diesen Punkt setzen.

- TONWERT: Der Tonwert zeigt die Helligkeitsstufe des Bereichs direkt unter dem Zeiger an.
- HÄUFIGKEIT: Entspricht der Gesamtzahl der Pixel, die der Helligkeitsstufe des unter dem Zeiger liegenden Bereichs entsprechen.
- SPREIZUNG: Führt die Gesamtzahl der Pixel an, die auf oder unterhalb der Helligkeitsstufe liegen, die für den unter dem Zeiger liegenden Bereich gilt. Dieser Wert wird als Prozentsatz aller Pixel im Bild dargestellt, ausgehend von 0 % ganz links bis 100 % ganz rechts.
- CACHE-STUFE: Zeigt Ihnen an, wie schnell das Histogramm aufgebaut wird. Wenn Sie die Standardeinstellung CACHE-STUFE 1 verwenden, werden alle Pixel angezeigt. Über BEARBEITEN ◆ VOREINSTELLUNGEN ◆ ARBEITSSPEICHER & BILDCACHE können Sie – wenn der Aufbau zu lange dauern sollte – eine andere Stufe auswählen, bei der dann nur eine repräsentative Auswahl von Pixeln verwendet wird.

6.1.2　Was es mit den Kanälen auf sich hat

Wie Sie vermutlich schon entdeckt haben, gibt es im Dialogfenster HISTOGRAMM ganz oben ein Listenfeld mit der Bezeichnung KANAL. Standardmäßig finden Sie darin den Eintrag LUMINANZ. Damit werden die Helligkeitswerte des gesamten Bildes dargestellt.

Beim Erstellen eines RGB-Bildes werden aber automatisch drei weitere Kanäle, die Farbinformationen enthalten, erzeugt. So verfügt ein RGB-Bild über einen Rot-, einen Grün- und einen Blaukanal sowie den Ihnen schon bekannten Gesamtkanal, der die eben erwähnten drei Kanäle zu einem Kanal zusammenfasst.

Wie Sie noch sehen werden, kann man die Verteilung dieser drei Kanäle ebenfalls verändern, beispielsweise um einen Farbstich zu entfernen.

Wenn Sie einen dieser Kanäle auswählen, können Sie nämlich schnell erkennen, ob ein Bild etwa zu viele Rot- oder Grün-Informationen enthält.

Betrachten Sie den Rotkanal. Er zeigt die Häufigkeit der Pixel von schwarz (links) nach hellrot (rechts) an. Sie können erkennen, dass sehr viele Pixel im Bereich schwarz bis dunkelrot liegen. Auf der roten bis hellroten Seite gibt es viel weniger Bildpunkte. Das ist der Grund, warum das Bild einen leichten Grünstich hat.

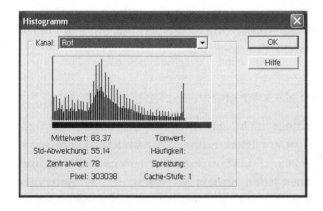

Bild 6.2:
Im Histogramm können Sie die einzelnen Kanäle auch getrennt betrachten

Wenn Sie sich jetzt den Luminanzwert des Histogramms aus der vorherigen Abbildung noch einmal näher betrachten, wird Ihnen auffallen, dass es auf der linken und rechten Seite nahezu keine

Pixel gibt. Das bedeutet, dass es dem Bild an ganz schwarzen und ganz weißen Pixeln fehlt. Und genau das ist die Ursache, warum das Bild nicht so wirkt, wie es soll. In jedem Bild sollte es Bildpunkte von ganz hell bis ganz dunkel geben. Dieses Manko soll im Folgenden behoben werden.

6.2 Bilder optimieren

Photoshop Elements bietet eine Reihe von Möglichkeiten, mit deren Hilfe Sie eine erste Korrektur der Bilder rasch vornehmen können.

6.2.1 So korrigieren Sie den Tonwert

Wie Sie mittlerweile wissen, wird die digitale Information eines Bildpunktes als Tonwert bezeichnet. Genauer gesagt, ist der Tonwert die Intensität einer Farbe in einem Bereich von 0% (was einem Schwarz entspricht) und 100% (was Weiß entspricht). Tonwerte sind demnach nichts anderes als die unterschiedlichen Farbtöne eines Bildes. Diese sollten möglichst gleichmäßig verteilt sein, d. h., es sollten ganz weiße und ganz schwarze Pixel vorhanden sein. Sehr oft finden sich aber nur Vorkommnisse in den Mitteltönen oder diese sind zu dunkel oder zu hell. In solchen Fällen ist eine Nachbearbeitung erforderlich und mithilfe der Einstellungsmöglichkeiten der Tonwertkurve können Sie unter anderem solche Beleuchtungsfehler ausgleichen.

Tonwert automatisch korrigieren

Eine einfache, allerdings nicht sehr präzise Möglichkeit, die Tonwerte in Ihrem Bild zu korrigieren, finden Sie in dem Befehl Auto-Tonwertkorrektur. Diese Funktion legt den jeweils hellsten und dunkelsten Pixel eines jeden Kanals als Weiß- und Schwarzwert fest und verteilt die dazwischen liegenden Bildpunkte neu proportional zu ihrem Vorkommen.

Diesen Befehl sollten Sie stets dann einsetzen, wenn bei einem Bild mit mittlerer Pixelwertverteilung eine einfache Kontrastkorrektur ausreichend ist.

Dazu gehen Sie wie folgt vor:

☑ Öffnen Sie gegebenenfalls das Bild.

☑ Rufen Sie dann ÜBERARBEITEN ◆ AUTO-TONWERTKORREKTUR auf.

Augenblicklich dürften Sie eine Verbesserung des Bildes bemerken, welche sich erklärt, wenn Sie das Histogramm (BILD ◆ HISTOGRAMM) aufrufen.

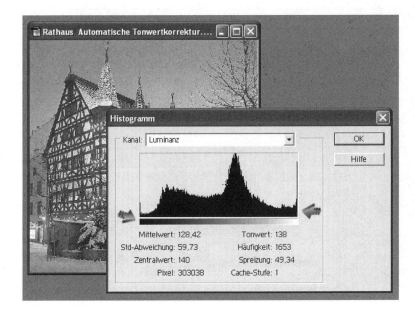

Bild 6.3:
Das Bild nach der automatischen Tonwertkorrektur

Die Bildpunkte sind nun gleichmäßiger von links nach rechts verteilt. Das Bild wirkt kontrastreicher und der Farbstich wurde gleich mit entfernt.

Tonwert manuell korrigieren

Sicherlich wird Sie das Ergebnis der automatischen Tonwertkorrektur schon erfreut haben. Allerdings handelt es sich dabei um ein rein rechnerisches Ergebnis, das nicht in jedem Fall überzeugt.

In diesen Fällen müssen Sie selber tätig werden und die Tonwerte nach Ihren Vorstellungen anpassen.

Diese Arbeiten werden im Dialogfenster TONWERTKORREKTUR durchgeführt. Das Histogramm, welches Sie hier vorfinden, dient, wie Sie gleich sehen werden, als visuelle Hilfe beim Einstellen der Farbwerte des Bildes.

☑ Rufen Sie ÜBERARBEITEN ◆ HELLIGKEIT/KONTRAST ◆ TONWERT-KORREKTUR auf. Da es ein Dialogfenster ist, das Sie häufiger benötigen, ist es hilfreich, sich die Tastenkombination zum Aufruf zu merken. Sie lautet ⌈Strg⌉+⌊L⌋.

Bild 6.4:
Ermöglicht exakte
Einstellungen:
das Dialogfenster
TONWERTKORREKTUR

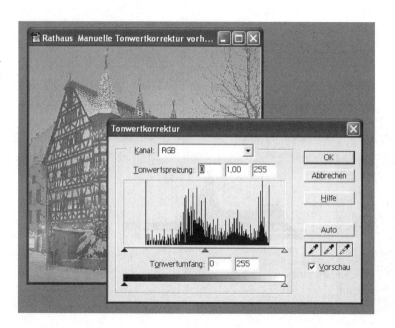

In diesem Dialogfenster können Sie den Tonwertbereich und die Farbbalance eines Bildes durch Einstellen der Helligkeitsstufen für Tiefen, Mitteltöne und Lichter des Bildes korrigieren.

☑ Aktivieren Sie zunächst – sofern es nicht der Fall ist – das Kontrollkästchen VORSCHAU auf der rechten Seite des Dialogfensters.

Im Folgenden sollen die Einstellungen des gesamten Kanals geändert werden, belassen Sie deshalb im Listenfeld KANAL die Einstellung RGB. Möchten Sie die Einstellung eines einzelnen Kanals ändern, dann wählen Sie diesen in dem Listenfeld aus.

Ändern Sie zunächst die TONWERTSPREIZUNG. Diese bestimmt die Verteilung der Bildpunkt innerhalb des normalen Bereichs von 0 bis 255.

☑ Verschieben Sie beispielsweise den linken schwarzen Regler unter dem Histogramm so weit nach rechts, bis er unter der Position des ersten Ausschlags sitzt.

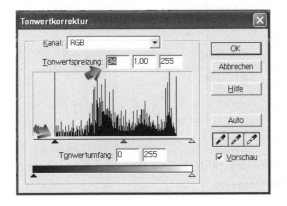

Dadurch wird den Pixeln, die im Moment die Helligkeitsstufe 34 haben, der Wert 0 als ganz schwarz zugeordnet. Diese Änderung hat zur Folge, dass der dunkelste Bildbereich auf Schwarz gesetzt und die restlichen Bildpunkte neu verteilt werden.

Wie Sie sehen dürften, führt das dazu, dass das Bild dunkler und somit kontrastreicher wird.

Sicherlich werden Sie noch nicht so recht mit dem Ergebnis zufrieden sein. Auf die gleiche Art und Weise sollten Sie jetzt die Lichtpartien des Bildes mit dem weißen rechten Regler einstellen. Wenn Sie den weißen Tonwertspreizungs-Regler auf den Wert 230 ziehen, wird den Bildpunkten mit einem Helligkeitswert von 230 der Wert 255 zugeordnet. Gleichzeitig erhalten Pixel mit niedrigeren Helligkeitswerten entsprechend hellere Werte. Dadurch wird das Bild aufgehellt und der Kontrast in den Lichtern erhöht.

Durch die beiden Aktionen hat sich der Bereich der Bildpunkte verkleinert, was im vorliegenden Beispiel dazu führt, dass die Mitteltöne mehr im dunkleren Bereich liegen und somit das Bild insgesamt zu hell wirkt.

☑ Um dieses Manko zu beheben, ziehen Sie den grauen (mittleren) Regler nach rechts auf einen Wert unter 1,00, um die Mitteltöne zu senken.

Bild 6.6:
Anpassen der
Mitteltöne

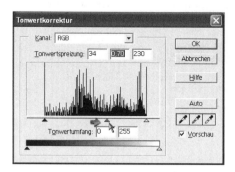

Dadurch wird die Helligkeit des Bildes, man spricht auch von dem Gammawert, gleichmäßig gesenkt.

Helligkeit anpassen

Standardmäßig beträgt der Gammawert 1,00. Stellen Sie einen höheren Wert ein, so wird das Bild heller. Wählen Sie einen niedrigeren Wert, so wird es dunkler.

Anstatt die Tonwertspreizung mittels der Regler einzustellen, können Sie diese Arbeit auch mithilfe der drei Pipetten auf der rechten Seite des Dialogfensters durchführen.

Das Arbeiten mit den Pipetten erfordert einige Erfahrung. Lassen Sie sich deshalb durch Ihre ersten Versuche nicht entmutigen.

☑ Klicken Sie eine Pipette, beispielsweise die erste Pipette (TIEFE SETZEN) an.

☑ Führen Sie dann den veränderten Mauszeiger auf das Foto.

☑ Klicken Sie dort einen dunklen Bildpunkt an.

Dessen Tonwert wird daraufhin automatisch zu Schwarz korrigiert und die restlichen Tonwerte werden entsprechend abgesenkt.

Mit der Pipette WEISSPUNKT SETZEN (der rechten Pipette) können Sie auf die gleiche Weise helle Bildpunkte auf Weiß setzen und die mittlere Pipette (MITTELTÖNE SETZEN) setzt den Gammaregler entsprechend Ihrer Vorgaben auf Neutralgrau.

☑ Abschließend müssen Sie nur noch auf OK klicken, um die Arbeit zu beenden.

6.2.2   So korrigieren Sie den Kontrast

Als Kontrast wird der Unterschied zwischen der Wiedergabe einer weißen und einer schwarzen Fläche auf dem Bildschirm verstanden. Wie Sie gesehen haben, führt das Fehlen von reinen weißen und reinen schwarzen Pixeln in einem Bild dazu, dass es flau wirkt. Mit *Photoshop Elements* können Sie den Kontrast recht einfach verändern und so rasch brillantere Bilder erhalten.

Kontrast automatisch korrigieren

Mit dem Befehl AUTO-KONTRAST aus dem Menü zu ÜBERARBEITEN können Sie die Qualität vieler Fotos oder Halbtonbilder optimieren, sofern es sich nicht um Bilder mit kontrastarmen Farben handelt.

☑ Öffnen bzw. markieren Sie das zu bearbeitende Bild.

☑ Verwenden Sie den Befehl ÜBERARBEITEN ♦ AUTO-KONTRAST.

Mit diesem Befehl werden der allgemeine Kontrast und die Farbmischung automatisch eingestellt, d. h., den hellsten und dunkelsten Pixeln im Bild werden vom Programm Schwarz- und Weißwerte zugeordnet. Deshalb wirken Lichter nach Ausführung dieses Befehls heller und Tiefen dunkler.

Sie sollten diesen Befehl nur für Bilder einsetzen, die keinen Farbstich enthalten, denn dieser wird nicht entfernt.

Kontrast manuell korrigieren

Möchten Sie einfache Korrekturen am Tonwertbereich eines Bildes vornehmen, dann verwenden Sie den Befehl HELLIGKEIT/KONTRAST.

☑ Rufen Sie das Dialogfenster mit ÜBERARBEITEN ◆ HELLIGKEIT/ KONTRAST ◆ HELLIGKEIT/KONTRAST auf.

In dem erscheinenden Dialogfenster können Sie die Helligkeit und den Kontrast durch Ziehen der Regler einstellen.

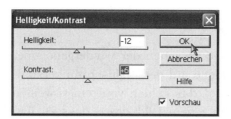

Bild 6.7:
Bestimmen Sie die Helligkeit und den Kontrast selbst

Dabei wirkt sich folgendes Vorgehen so aus:

☐ Ziehen nach links verringert den Wert.
☐ Ziehen nach rechts erhöht den Wert.

Achten Sie darauf, dass das Kontrollkästchen VORSCHAU aktiviert ist, so sehen Sie gleich die Auswirkungen Ihres Tuns.

Der jeweilige Helligkeits- bzw. Kontrastwert wird Ihnen dabei in dem rechts vom Regler befindlichen Feld angezeigt, wobei Sie die Werte zwischen -100 und +100 auch manuell eingeben können.

☑ Ist alles zu Ihrer Zufriedenheit, klicken Sie auf OK.

6.2.3   So beheben Sie Lichtprobleme

Es gibt wohl nichts Problematischeres als Fotos, die man gegen eine Lichtquelle macht oder machen muss. Entweder werden die Bilder unterbelichtet oder die Schatten im Bild werden so dunkel, dass man kaum noch Details erkennen kann.

Für diese Bilder hält *Photoshop Elements* zwei spezielle Hilfen bereit.

Gegenlicht

Sehr oft wird beim Fotografieren mit Gegenlicht gearbeitet, um die Form des Motivs zu betonen oder um Details im Hintergrund hervorzuheben. Dabei kann es allerdings passieren, dass das Bild unterbelichtet wird. Dieses Problem beheben Sie mit dem Befehl GEGENLICHT.

☑ Nachdem Sie das betreffende Bild ausgewählt haben, verwenden Sie ÜBERARBEITEN ◆ GEGENLICHT.

Es erscheint das Dialogfenster GEGENLICHT, welches Ihnen ermöglicht, mit einem Schieberegler das Bild abzudunkeln.

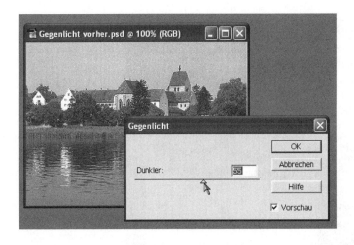

Bild 6.8:
Nehmen Sie zu dunkle Stellen den Schrecken mithilfe des Befehls Gegenlicht

☑ Ziehen Sie dazu den Regler nach rechts oder geben Sie im Textfeld einen Wert zwischen 0 und 100 ein, um einen neuen Tonwert einzustellen.

Haben Sie das Kontrollkästchen Vorschau aktiviert, können Sie im Hintergrund gleich die Auswirkung dieser Handlung auf das Bild zu sehen.

☑ Beenden Sie diesen Vorgang mit einem Klick auf OK.

Aufhellen

Auch für den anderen Fall, nämlich, dass Ihre Fotos zu dunkel sind, hat *Photoshop Elements* ein einfaches Werkzeug zur Hand.

Wenn Sie Fotos in sehr hellem Licht aufnehmen, kann es passieren, dass einzelne Bildpartien so dunkel werden, dass kaum noch Details zu erkennen sind.

In diesem Fall kommt der Befehl Aufhellblitz zum Einsatz.

☑ Aktivieren Sie ihn über mit Überarbeiten ◆ Aufhellblitz.

☑ In dem erscheinenden Dialogfenster ziehen Sie den Regler nach rechts. Alternativ können Sie in dem Textfeld auch einen Wert eingeben. Hier steht Ihnen ein Bereich von 0 bis 100 zur Verfügung.

Bild 6.9:
Hellen Sie dunkle
Partien mit dem
Aufhellblitz auf

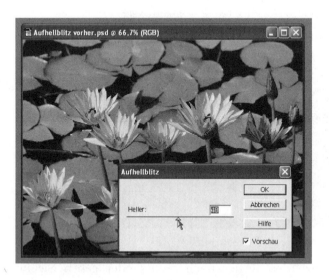

☑ Beenden Sie die Arbeiten mit einem Klick auf OK.

„Belichtungs"-Werkzeuge

Neben den eben gezeigten Menüoptionen stehen Ihnen zwei Werkzeuge für die Bildaufhellung zur Verfügung. Es handelt sich um den ABWEDLER und den NACHBELICHTER, die Sie in der Werkzeugleiste finden. Mit deren Hilfe können Sie Bildbereiche aufhellen oder abdunkeln.

Bild 6.10:
Werkzeuge für die
Bildaufhellung

Die Arbeitsweise ist bei beiden Werkzeugen identisch. Möchten Sie beispielsweise einen Bildbereich aufhellen, dann gehen Sie so vor:

☑ Wählen Sie das ABWEDLER-Werkzeug (siehe Bild 6.10) aus.

☑ In der Optionsleiste legen Sie eine geeignete Werkzeugspitzengröße fest.

☑ Dann bestimmen Sie den BEREICH, der bearbeitet werden soll. Entscheiden Sie sich für MITTELTÖNE, wenn Sie den mittleren Graustufenbereich bearbeiten wollen. Für dunkle Bereiche wählen Sie TIEFEN und für helle Bereiche LICHTER.

☑ Im Feld BELICHTUNG legen Sie abschließend noch die Belichtung für das Werkzeug fest.

☑ Nun müssen Sie nur noch über den Bildausschnitt, der bearbeitet werden soll, klicken und dann ziehende Bewegungen über den aufzuhellenden Bereich machen.

Bild 6.11:
Mit dem ABWEDLER
hellen Sie dunkle
Bereiche des Bildes auf

6.2.4 So passen Sie die Farbe an

Möchten Sie unerwünschte Farbstiche entfernen oder Farben mit zu starker bzw. zu geringer Sättigung korrigieren, so müssen Sie für eine ausgewogene Farbbalance des Bildes sorgen.

Darauf müssen Sie achten

Wie Sie gleich sehen werden, lassen sich mit verschiedenen Methoden ähnliche Farbbalance-Ergebnisse erzielen. Allerdings können Sie eine Farbe nicht allein betrachten, da diese stets im Zusammenspiel mit den anderen ihre Wirkung entfaltet. Um nicht den Überblick zu verlieren, sollten Sie sich einen Farbkreis neben den Monitor legen, da sich mit dessen Hilfe am besten voraussagen lässt, wie sich die Änderung einer bestimmten Farbkomponente auf andere Farben auswirkt wird.

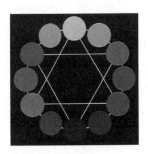

Bild 6.12:
Der Farbkreis spielt
beim Arbeiten mit
Farben eine große Rolle

Der Farbtonkreis ist die natürliche Ordnungsmöglichkeit der rein bunten Farben, also solcher Farben, die weder Schwarz, Weiß noch Grau enthalten. An den Eckpunkten des aufrecht stehenden gleichseitigen Dreiecks liegen die Farbnuancen Gelb, Purpur und Blau. Das umgekehrt eingezeichnete Dreieck bezeichnet die Lage der Farbnuancen Orangerot, Violett und Grün. Die noch verbleibenden und dazwischen liegenden Farbnuancen werden als Orangegelb, Rot, Rotviolett, Blauviolett, Blaugrün und Grüngelb bezeichnet. Farbnuancen, die sich in diesem Kreis gegenüber liegen, werden als Gegenfarben oder auch Komplementärfarben bezeichnet.

Beim Arbeiten mit dem Farbkreis gelten folgende Grundregeln:

☐ Möchten Sie beispielsweise die Stärke einer Farbe verringern, so müssen Sie die Stärke der Komplementärfarbe im Farbkreis erhöhen. Wenn Sie diese dagegen verstärken wollen, die Komplementärfarbe dementsprechend verringern.

☐ Soll eine Farbe verstärkt oder abgeschwächt werden, dann müssen Sie die beiden benachbarten Farben dementsprechend ändern.

Möchten Sie die Farbbalance in einem RGB-Bild dadurch herstellen, das Sie den Eindruck von Gelb mindern wollen, dann können Sie das Bild durch Entfernen von Grün und Rot oder durch das Hinzufügen von Blau abschwächen.

So entfernen Sie mühelos einen Farbstich

Sehr oft können Sie einen Farbstich dadurch entfernen, indem Sie die gesamte Farbmischung in einem Bild ändern. Für diesen

Zweck finden Sie in *Photoshop Elements* den Befehl FARBSTICH, den Sie mit ÜBERARBEITEN ♦ FARBE aufrufen können.

☑ Rufen Sie ÜBERARBEITEN ♦ FARBE auf.

☑ Im Dialogfenster FARBSTICHKORREKTUR wählen Sie die Pipette und klicken dann auf einen Bildbereich, der möglichst grau, weiß oder schwarz sein sollte.

Bild 6.13:
FARBSTICHKORREKTUR mit
der Pipette vornehmen

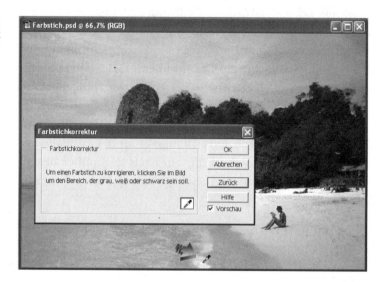

Wie Sie sehen, verändert sich das Bild entsprechend der gewählten Farbe. Möchten Sie diese Änderung rückgängig machen, etwa, weil Sie das Ergebnis nicht überzeugt, so klicken Sie einfach auf die Schaltfläche ZURÜCK.

☑ Entspricht das Ergebnis Ihren Vorstellungen, klicken Sie auf OK, um den Vorgang abzuschließen.

So stellen Sie die optimale Farbbalance her

Mithilfe des vorherigen Abschnitts sind Sie in der Lage, einen Farbstich aus einem Bild zu entfernen. Sehr oft genügt das aber nicht, um eine bestimmte Ausgewogenheit hinzubekommen. In diesem Fall setzen Sie den Befehl FARBTON/SÄTTIGUNG ein, der es ermöglicht, den Farbton, die Sättigung und die Helligkeit des gesamten Bildes oder einzelner Farbkomponenten in einem Bild einzustellen.

☑ Rufen Sie das entsprechende Dialogfenster zunächst mit ÜBERARBEITEN ◆ FARBE auf.

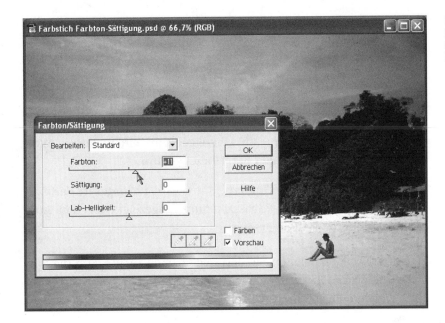

Bild 6.14:
Mit diesem Befehl
stellen Sie die
Farbbalance her

Bei den Optionen dieses Dialogfensters ist Folgendes zu beachten:

☐ Mit den Einstellungen des FARBTONS (der Grundfarbe) legen Sie fest, welche Farbe verwendet wird.
☐ Die SÄTTIGUNG legt die Intensität der Farbtiefe und somit der Leuchtkraft für jede Farbe im Bild fest. Auf diese Weise können Grauanteile aus der Farbe entfernt werden.
☐ Die Helligkeit der Farbe können Sie mit dem Schieberegler LAB-HELLIGKEIT einstellen.
☐ Die beiden Farbleisten am unteren Rand des Dialogfensters stellen die Farben in ihrer Anordnung auf dem Farbkreis dar. Die obere Farbleiste zeigt dabei die Farbe vor der Änderung, die untere, wie sich die Änderung auf alle Farbtöne bei voller Sättigung auswirkt.

Um die Sättigung bzw. Helligkeit einzustellen, gehen Sie wie folgt vor:

☑ Klicken Sie in das Listenfeld Bearbeiten und wählen Sie den gewünschten Eintrag aus der Liste aus. Wenn Sie sich für Standard entscheiden, werden alle Farben gleichzeitig eingestellt. Möchten Sie einen bestimmten Farbton ändern, wählen Sie einen anderen vordefinierten Farbbereich.

☑ Geben Sie im Feld Farbton einen Wert ein, oder ziehen Sie den Regler, bis die Farben wie gewünscht angezeigt werden.

Beachten Sie dabei, dass die im Textfeld angezeigten Werte die Gradzahl der Drehung auf dem Farbkreis angeben. Durch Verschieben des Schiebereglers nach rechts bzw. nach links können Sie den Effekt verstärken bzw. abschwächen. So bedeutet ein positiver Wert eine Drehung im Uhrzeigersinn, ein negativer Wert dagegen eine Drehung gegen den Uhrzeigersinn.

Wenn Sie den Farbton verändern, dann wird im unteren Farbbalken der Ausschnitt des Farbspektrums angezeigt, der den Ausschnitt im oberen Balken ersetzt.

☑ Unter Sättigung ziehen Sie den Regler nach rechts, um die Sättigung zu erhöhen, bzw. nach links, um sie zu verringern oder Sie tragen gleich einen Wert ein.

Je nach den Anfangsfarbwerten der ausgewählten Pixel wird die Farbe zur Mitte des Kreises hin oder von der Mitte weg verschoben.

☑ Die Helligkeit erhöhen Sie, indem Sie unter Lab-Helligkeit den Regler nach rechts ziehen oder, um sie zu verringern, ihn nach links bewegen. Auch hier können Sie Werte +100 und -100 eingeben.

Wenn Sie einzelne Kanäle gezielt bearbeiten, dann enthalten im unteren Bereich des Dialogfensters die beiden Farbbalken zusätzliche Einstellmöglichkeiten.

Sie finden dann für den Bereich des Kanals auf dem oberen Farbbalken Markierungen, mit denen Sie diesen vergrößern oder verkleinern können.

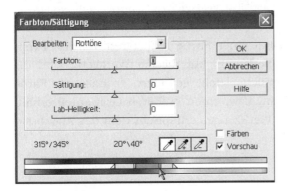

Diese haben folgende Bedeutung:

☐ Mithilfe der weißen Dreiecke verändern Sie die Abnahme, aber nicht den Bereich.

☐ Wenn Sie an einer der helleren grauen Leisten ziehen, verändern Sie den Bereich, aber nicht die Abnahme.

☐ Wenn Sie den dunkelgrauen Mittelteil bewegen, können Sie den ganzen Regler und so einen anderen Farbbereich auswählen.

☐ Die vertikalen weißen Leisten neben dem dunkelgrauen Mittelteil dienen dazu, den Bereich der Farbkomponente zu ändern.

☐ Drücken Sie die [Strg]-Taste, wandelt sich der Mauszeiger zu einer Hand, mit der Sie dann die Farbleiste soweit ziehen können, bis eine andere Farbe in der Mitte der Leiste angezeigt wird.

Bereiche schneller wählen

Alternativ können Sie den Bereich mit den Farben aus dem Bild bearbeiten, indem Sie die Pipettenschaltfläche wählen und damit auf das Bild klicken. Möchten Sie den Bereich erweitern, verwenden Sie die die Pipettenschaltfläche mit dem Pluszeichen, um ihn zu verkleinern, die Pipettenschaltfläche mit dem Minuszeichen.

Intensität der Farbe reduzieren

 Möchten Sie die Intensität einer Farbe reduzieren, dann verwenden Sie das Schwamm-Werkzeug. Mit diesem Werkzeug wird die Farbsättigung eines Bereichs leicht geändert, so dass die Farbe dadurch blasser erscheint bzw. einen größeren Grauanteil erhält. Die Arbeitsweise dieses Werkzeuges entspricht dem des Abwedler-Werkzeugs.

Farbe entfernen

Benötigen Sie ein Schwarzweißbild? Mit *Photoshop Elements* kein Problem, wobei es sich hier eigentlich um ein Graustufenbild handelt.

Mit dem Befehl Farbe entfernen können Sie Farb-RGB-Bilder in solche mit Grauwerten umwandeln. Dabei werden jedem Pixel einfach die gleichen Rot-, Grün- und Blauwerte zugewiesen.

☑ Laden Sie das entsprechende Bild und wandeln Sie es – falls nötig – in den RGB-Modus um.

☑ Anschließend müssen Sie nur noch den Befehl Überarbeiten ♦ Farbe ♦ Farbe entfernen aufrufen und das Bild wird sofort umgewandelt.

Bilder kolorieren

Vielleicht fragen Sie sich, ob man diesen Vorgang auch in anderer Richtung machen kann. Man kann. Mit den Einstellungen des Dialogfensters Farbton/Sättigung können Sie ein Bild mit einer einheitlichen Tönung erzeugen. Allerdings wird das Bild mit einer einfarbigen Tönung versehen, die das gesamte Bild erfüllt. Deshalb können Sie keine einzelnen Kanäle bearbeiten.

☑ Laden Sie das Bild, welches Sie kolorieren wollen.

☑ Wählen Sie gegebenenfalls Bild ♦ Modus ♦ RGB, um es in ein RGB-Bild zu konvertieren.

☑ Öffnen Sie dann das Dialogfeld Farbton/Sättigung.

☑ Hier aktivieren Sie das Kontrollkästchen FÄRBEN.

Das Bild wird daraufhin in den Farbton der aktuellen Vordergrundfarbe konvertiert, sofern die Vordergrundfarbe nicht (mehr) Schwarz oder Weiß ist.

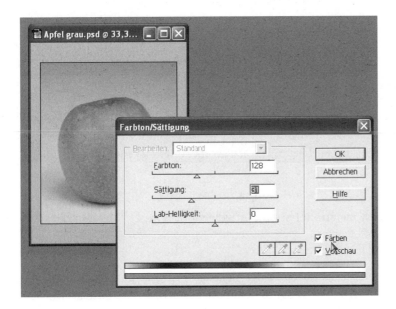

Bild 6.16:
Bilder kolorieren

Auf die Helligkeitswerte der einzelnen Pixel hat diese Aktion keinen Einfluss. Deshalb können Sie über die Regler SÄTTIGUNG und LAB-HELLIGKEIT noch die Sättigung und Helligkeit der Pixel nach Ihren Vorstellungen einstellen.

☑ Mit OK schließen Sie diese Arbeiten ab.

Farbe ersetzen

Möchten Sie eine Farbe eines bestimmten Bereichs Ihres Bildes ändern bzw. ersetzen, können Sie dies mithilfe von *Photoshop Elements* auf recht einfache Weise erledigen.

☑ Laden Sie das zu ändernde Bild und rufen Sie ÜBERARBEITEN ♦ FARBE ♦ FARBE ERSETZEN auf.

Es erscheint das gleichnamige Dialogfenster.

☑ Aktivieren Sie im Bedarfsfall das Kontrollkästchen VORSCHAU.

Mittels der Pipetten und der entsprechenden Toleranzeinstellungen können Sie über eine so genannte Maske problemlos eine bestimmte Farbe auswählen und dann anschließend die Werte für FARBTON, SÄTTIGUNG und HELLIGKEIT anpassen.

Arbeiten mit Masken

Keine Angst, wenn Sie bislang noch nicht mit Masken gearbeitet haben. Das Arbeiten mit Masken werden Sie weiter hinten in diesem Buch kennen lernen. Es ist an dieser Stelle nicht notwendig.

☑ Wählen Sie zunächst eine Anzeigeoption aus.

Wählen Sie

☐ AUSWAHL, wenn diese in der Vorschau angezeigt werden soll.
☐ BILD, wenn das gesamte Bild in der Vorschau gezeigt werden soll. Diese Einstellung ist besonders nützlich, wenn Sie mit einem vergrößerten Bild arbeiten oder der Platz auf dem Bildschirm begrenzt ist. Für das weitere Vorgehen ist diese Option eine gute Wahl, so dass Sie sie aktivieren sollten.

Anschließend muss der Bereich, dessen Farbe Sie ändern wollen, durch Klicken auf das Bild oder das Vorschaufeld ausgewählt werden.

☑ Dazu wählen Sie zunächst die Pipettenschaltfläche mit dem Pluszeichen aus, um Bereiche hinzuzufügen. Sollen Sie entfernt werden, nehmen Sie die Pipettenschaltfläche mit dem Minuszeichen.

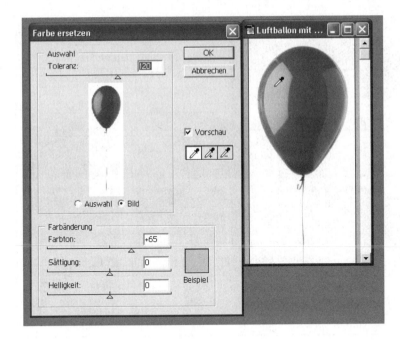

☑ Die TOLERANZ der Maske legen Sie durch Ziehen des Reglers oder Eingabe eines Wertes fest.

☑ Die Farbe des ausgewählten Bereiches passen Sie durch Ziehen der Regler FARBTON, SÄTTIGUNG und HELLIGKEIT an.

☑ Beenden Sie Ihre Arbeit dann mit OK.

Einstellung per Augenmaß

Wie Sie gesehen haben, erfordert das Festlegen von Farbbalance, Kontrast und Sättigung eines Bildes einige Einstellungen. Und gerade bei Bildern mit mittleren Farbwerten ist es gar nicht so einfach, die unterschiedlichen Auswirkungen Ihres Tuns zu erkennen. Für diese Zwecke gibt es den Befehl VARIATIONEN. Mit seiner Hilfe können Sie die Arbeitsschritte in einem Durchgang festlegen und Sie müssen lediglich die gewünschte Variante anklicken. Also los.

☑ Verwenden Sie ÜBERARBEITEN ♦ VARIATIONEN, um das folgende Dialogfenster anzuzeigen.

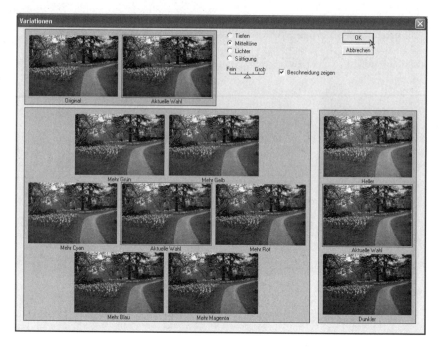

Am oberen Rand finden Sie zwei Vorschaubilder. Auf der linken
Seite das Original und auf der rechten Seite die Auswahl mit den
momentan gewählten Korrekturen.

Beim ersten Öffnen sind die Inhalte der beiden Fenster identisch,
da *Photoshop Elements* noch nicht wissen kann, was Sie zu tun
gedenken.

☑ Klicken Sie beispielsweise einmal auf das Vorschaubild MEHR
GELB.

Wie Sie sehen, wird das Bild AKTUELLE WAHL entsprechend Ihrer
Wahl geändert und die anderen Vorschaubilder passen sich entsprechend an.

☑ Wählen Sie dann die Bildkomponenten aus, die eingestellt werden sollen.

Hierbei können Sie unter folgenden Optionen auswählen:

☐ TIEFEN, MITTELTÖNE oder LICHTER: Mit diesen Einstellungen legen
Sie die dunklen, mittleren oder hellen Bereiche fest.

☐ SÄTTIGUNG: Hiermit können Sie den Farbtongrad im Bild ändern.

☐ Die Helligkeit wird über die Miniaturen rechts im Dialogfenster eingestellt.

☐ Schließlich können Sie noch die Abstufung der einzelnen Sprünge mit dem Regler FEIN/GROB festlegen.

Beachten Sie dabei, dass die Erhöhung um einen Teilstrich auf der Skala eine Verdoppelung des Effekts bewirkt.

6.2.5 So hellen Sie eingescannte Bilder auf

Beim Einscannen von Bildern kommt es häufiger vor, dass das gescannte Bild dunkler als das Original erscheint.

Diesen Effekt können Sie mithilfe des Befehls TONWERTANGLEICHUNG beheben. Dabei werden die Helligkeitswerte der Bildpixel neu verteilt, indem die hellsten und dunkelsten Werte im Gesamtbild ermittelt und erneut zugeordnet werden. Dabei wird dem hellsten Wert die Farbe Weiß und dem dunkelsten Wert die Farbe Schwarz zugeordnet. Die Werte dazwischen werden dann von *Photoshop Elements* angeglichen, d. h., die Zwischenwerte werden gleichmäßig über die Graustufen verteilt.

☑ Um ein Bild entsprechend zu bearbeiten, wählen Sie BILD ◆ KORREKTUREN ◆ TONWERTANGLEICHUNG.

Bild 6.19:
Hellen Sie ein zu dunkles eingescanntes Bild auf

Um die Helligkeitswerte vor und nach den Änderungen zu verglei-
chen, verwenden Sie den Ihnen schon bekannten Befehl HIS-
TOGRAMM.

6.2.6 So geben Sie den Bilder die richtige Schärfe

Beim Fotografieren, Scannen, Neuberechnen oder Drucken auftretende Unschärfen sind ärgerlich, aber leider oft unvermeidlich.
In diesem Fall kommt der Filter *Unscharf maskieren* zum Einsatz.

Mit diesem Filter können Sie die Bildschärfe eines Fotos verändern
und Details stärker herausarbeiten. Denn der Filter erhöht den
Kontrast zwischen zwei benachbarten Bildpunkten. Dadurch werden die Kanten schärfer hervorgehoben und bringen insbesondere
Bilder, die durch Interpolation oder beim Scannen unscharf ge-
worden sind, wieder klar hervor.

☑ Wählen Sie FILTER ◆ SCHARFZEICHNUNGSFILTER ◆ UNSCHARF MAS-
KIEREN.

☑ Vergewissern Sie sich, dass die Option VORSCHAU aktiviert ist.

Wenn Sie mit dem Mauszeiger auf das Vorschaufenster zeigen,
können Sie den Bildausschnitt verschieben und über die beiden
Schaltflächen am unteren Rand verkleinern bzw. vergrößern.

☑ Über den Regler STÄRKE legen Sie die Stärke des Filters fest. Je
höher Sie diesen Wert wählen, desto stärker wirkt sich das auf
das Bild aus, d. h. desto stärker werden die Ränder betont.

Für gedruckte Bilder mit hoher Auflösung ist gewöhnlich eine
Stärke zwischen 120 % und 200 % ideal.

☑ Mithilfe des Schiebers RADIUS legen Sie die Breite des Bereichs fest, innerhalb dessen die Pixel scharfgezeichnet werden.

☑ Schließlich müssen Sie noch über den Regler SCHWELLENWERT bestimmen, welcher Kontrast zwischen den benachbarten Bildpunkten erforderlich ist, damit eine Kontur scharfgestellt wird. Der Filter sucht dabei nach Pixeln, die sich um einen von Ihnen angegebenen Wert von dem benachbarten Pixel unterscheiden. Bei Bildteilen, die nur geringe lokale Tonwertunterschiede aufweisen, sollten Sie mit Schwellenwerten zwischen 2 und 50 experimentieren.

☑ Mit OK beenden Sie die Einstellungen.

7 Bilder publizieren

Nicht immer werden Sie Ihre Bilder auf dem Computermonitor betrachten, sondern diese stolz im Bekannten- oder Verwandtenkreis zeigen wollen. In diesem Fall stellt sich die Frage nach dem Ausdruck.

Dieses Kapitel wird Ihnen zeigen, wie Sie
☐ die Bilder abspeichern können,
☐ Ihre Bilder zum Drucken vorbereiten müssen,
☐ wie man Bildteile druckt,
☐ welche Papiersorten man verwenden sollte,
☐ wie der Druckvorgang abläuft und
☐ wie Sie aus Ihren Bildern eine Foto-CD erstellen.

7.1 Bilder speichern

Sicherlich wollen Sie Ihre Bilder und nicht zuletzt die Mühen Ihrer Arbeit dauerhaft sichern. So kommen Sie denn auch bei *Photoshop Elements* um das Thema Speichern nicht herum.

Das Sichern der Daten ist aber echt einfach. Sie müssen sich nur entscheiden, ob Sie Ihre Dateien für einen späteren Ausdruck oder für einen Interneteinsatz speichern möchten.

7.1.1 Dateien speichern

Das normale Speichern haben Sie bereits kennen gelernt.

☑ Sie klicken in der Menüleiste auf den Eintrag DATEI und wählen dann SPEICHERN UNTER aus.

☑ Anschließend nehmen Sie noch ein paar Optionen, wie die Einstellung des Dateiformats vor.

Den Speichervorgang selbst lösen Sie mit einem Klick auf die Schaltfläche SPEICHERN aus.

7.1.2 Für das Web speichern

Wenn Sie Bilder für das Internet erstellen wollen, dann kommt es im Wesentlichen darauf an, dass Sie diese für diesen Einsatzzweck optimieren. Bei solchen Bildern müssen Sie nämlich den Spagat zwischen guter Anzeigequalität und geringer Dateigröße hinbekommen.

In *Photoshop Elements* bekommen Sie jedoch einen recht guten Assistenten zur Seite gestellt. Zur präzisen Optimierung können Sie sich nämlich eine Vorschau der optimierten Bilder in verschiedenen Dateiformaten anzeigen lassen und dann in Ruhe abwägen.

☑ Rufen Sie DATEI ◆ FÜR WEB SPEICHERN auf.

Sie erhalten ein Dialogfenster, welches Ihnen das Originalbild und das optimierte Bild gleichzeitig anzeigt und auf diese Weise Ihnen gleich die Auswirkung Ihrer Optimierungseinstellungen vor Augen führt.

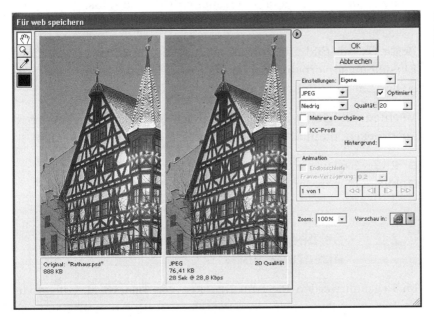

Bild 7.1:
Bilder für das Internet können Sie echt einfach erstellen

Beispielsweise können Sie so die verschiedenen Dateiformate einmal ausprobieren und am unteren Rand der Vorschaufenster die Auswirkungen gleich beobachten.

Darüber hinaus besteht die Möglichkeit, die Datei auch gleich in dem installierten Browser zu begutachten.

☑ Haben Sie alle Einstellungen getroffen, klicken Sie auf OK.

Sie erhalten daraufhin ein Dialogfenster, in welchem Sie den Speicherort eingeben können.

Zusätzlich besteht die Möglichkeit, das Bild gleich nebst HTML-Datei zu speichern. In diesem Fall erhalten Sie eine Datei, die den gesamten, zum Anzeigen des Bildes in einem Web-Browser erforderlichen Code enthält.

7.2   Bilder ausdrucken

Mittlerweile ist es üblich, dass man seine Bilder „zuhause" ausdruckt, denn das benötigte Equipment ist recht preiswert zu bekommen und die Qualität überzeugt mittlerweile selbst gestandene Profis.

Bevor Sie ein Bild ausdrucken, sollten Sie zunächst verschiedene Einstellungen vornehmen, um die Druckausgabe nach Ihren Vorstellungen zu gestalten.

Möchten Sie gleich die Bilder mit den aktuellen Druckoptionen ausdrucken, dann führen Sie einen der folgenden Schritte aus:

☐ Rufen Sie DATEI ♦ DRUCKEN auf oder
   ☐ klicken Sie in der Symbolleiste auf die Schaltfläche DRUCKEN.

7.2.1   So bereiten Sie die Bilder für den Ausdruck vor

Im Regelfall werden Sie zum Drucken von Bildern allerdings zunächst die allgemeinen Druckoptionen festlegen und dann die Einstellungen für die jeweilige Bildart wählen.

Seite einrichten

Zunächst einmal sollten Sie die Seite einrichten, auf der Sie das Bild drucken möchten.

☑ Wählen Sie dazu DATEI ◆ SEITE EINRICHTEN.

Es erscheint das Dialogfenster DRUCKER EINRICHTEN.

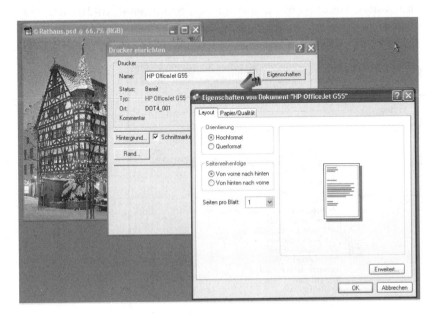

Bild 7.2:
Einstellungen für den Ausdruck vornehmen

☑ Wählen Sie hier aus dem Listenfeld am oberen Rand des Dialogfeldes einen der installierten Drucker aus.

Sie finden das Fenster der obigen Abbildung nicht?

Keine Sorge, wenn das Fenster, welches die Eigenschaften des Druckers anzeigt, auf Ihrem Monitor etwas anders aussieht. Das Aussehen kann je nach Hersteller etwas abweichen. Die Grundfunktionen sind jedoch ähnlich wie bei dem hier verwendeten Drucker.

☑ Klicken Sie auf die Schaltfläche EIGENSCHAFTEN, um das Papierformat festzulegen. Entscheiden Sie sich für HOCHFORMAT oder QUERFORMAT.

Die Wahl des richtigen Papiers

Neben dem Format spielt die Wahl des zu bedruckenden Papiers eine Rolle. Gerade, wenn Sie einen Farbtintenstrahldrucker verwenden, sollten Sie hierauf ein besonderes Gewicht legen.

Bild 7.3:
Die Wahl des richtigen
Papiers spielt für den
Ausdruck eine gewichtige Rolle

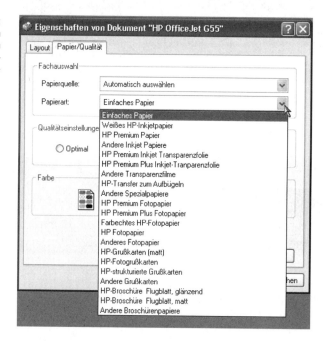

Auf der Registerkarte PAPIER/QUALITÄT finden Sie ein Listenfeld, in dem Sie die Papiersorte einstellen können.

Die Wahl des richtigen Papiers spielt für den Ausdruck eine gewichtige Rolle und sollte deshalb gut bedacht sein. Im Regelfall werden Sie eine Reihe an Papiersorten vorfinden und sich fragen, wie man da durchblicken soll. Doch keine Sorge. Auch wenn die Bezeichnungen sich häufig unterscheiden, können Sie von folgenden Papiersorten ausgehen:

- Normalpapier: Dieses preiswerte Papier finden Sie häufig als Druckerpapier für Laser- oder Tintenstrahldrucker vor. Es zeichnet sich dadurch aus, dass es raue Fasern hat und die Tinte zumeist schnell verläuft. Dadurch fließen die Farben oft ineinander und es kommt zu hässlichen Ausdrucken. Für hochwertige Fotos ist ein solches Papier folglich ungeeignet und sollte deshalb nur für Probezwecke oder Texte verwendet werden.

- Wasserfestes Papier: Diese Papiersorte wurde speziell behandelt und soll nach Aussage einiger Hersteller sogar wasserfest sein. Sie finden es häufig unter den Namen „Premium" oder „Broschüre". Es zeichnet sich durch seine hohe Knick- und Kratzfestigkeit aus und eignet sich deshalb besonders für Plakate oder Preistafeln, die sogar im Freien angebracht werden können.

- Foto-Glanzpapier: Diese Papiersorte finden Sie häufig unter der Bezeichnung „Glossy". Dieses kartonartige, mit einer glänzenden Kunststoffoberfläche beschichtete Papier eignet sich besonders für farbenfrohe, bunte Ausdrucke, da es brillante Farben und scharfe Ränder garantiert.

- Hochglanzpapier: Das auf einer Seite stark glänzende Papier erkennen Sie wegen seiner Eigenschaften sehr schnell. Es eignet sich hervorragend für den Ausdruck von Fotos, da das bedruckte Papier innerhalb kürzester Zeit trocknet und es so zu keinen Verläufen kommt.

Darüber hinaus gibt eine Reihe an weiteren Papiersorten für die unterschiedlichsten Zwecke. Nicht immer werden Sie jede Papiersorte einsetzen können. Welche Sorten das konkret sind, erfahren Sie im Regelfall aus dem Druckerhandbuch Ihres Druckers.

☑ Verlassen Sie das Druckereigenschaftenfenster mit OK.

Dadurch befinden Sie sich wieder im Dialogfenster DRUCKER EINRICHTEN und können noch gegebenenfalls die folgenden Einstellungen vornehmen.

- Kontrollkästchen SCHNITTMARKEN: Nimmt das Bild (voraussichtlich) nicht das ganze Blatt ein, dann aktivieren Sie diese Option. *Photoshop Elements* fügt Ihnen dann so genannte Schnittmarken ein. Es handelt sich dabei um Markierungen, die es Ihnen ermöglichen, einen geraden Schnitt auszuführen und so das Bild sauber aus dem Blatt herauszutrennen.

☐ Kontrollkästchen BILDUNTERSCHRIFT: Haben Sie – wie in Kapitel 4 vorgeschlagen – dem Bild Informationen zugewiesen, dann werden diese nach einer Aktivierung mit ausgedruckt.

Des Weiteren beinhaltet das Dialogfenster noch zwei Schaltflächen.

Die Schaltfläche HINTERGRUND ermöglicht es Ihnen, einen passenden Hintergrund auszuwählen, so dass die unter Umständen beim Ausdruck auf weißes Papier auftretenden Kontraste nicht zu groß werden.

Wenn Sie auf diese Schaltfläche klicken, erscheint das Dialogfenster FARBWÄHLER. Hier können Sie einen beliebigen Farbbereich für den Hintergrund festlegen.

Bild 7.4:
Legen Sie den Hintergrund des Bildes fest

Bewegen Sie entweder die kreisrunde Markierung im Vorschaufenster an die gewünschte Position oder tragen Sie die entsprechenden Werte in die Felder ein.

Verwenden Sie einen ähnlichen Hintergrund

Sehr professionell sieht es aus, wenn Sie dem Hintergrund eine Farbe, die in dem Bild vorkommt, geben. Wählen Sie dazu das Pipettenwerkzeug und klicken Sie auf die gewünschte Stelle. In unserem Beispiel auf eine Stelle des Himmels. Anschließend lesen Sie die Werte aus dem Farbwähler ab, den Sie nach Doppelklicken auf das Vordergrundfarbfeld erhalten und übertragen den Wert in den Farbwähler des Druckervorschaufensters.

Mit der Schaltfläche RAND bestimmen Sie schließlich noch den Abstand vom Seitenrand.

Wenn Sie auf diese Schaltfläche klicken, blinkt der Cursor bereits im Feld BREITE und Sie müssen lediglich noch den Wert eingeben und mit OK bestätigen.

7.2.2   So läuft der Druckvorgang ab

Bevor es ans endgültige Ausdrucken geht, sollten Sie die weiteren Druckoptionen festlegen.

Druckvorschau

Die weiteren Druckeinstellungen treffen Sie im Dialogfenster DRUCKVORSCHAU.

☑ Rufen Sie DATEI ◆ DRUCKVORSCHAU auf. Sie können aber auch auf die gleichnamige Schaltfläche in der Symbolleiste klicken.

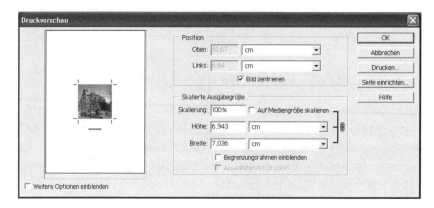

Im Rahmen Position können Sie mithilfe des Kontrollkästchens
Bild zentrieren das Bild automatisch in der Mitte des Blattes platzieren. Möchten Sie das nicht, dann deaktivieren Sie es und legen
über die Felder Oben und Links den Absatnd des Bildes zur Seiten-
kante fest.

Achten Sie auf die Ränder

Die Randeinstellungen für die nicht druckbaren Bereiche Ihres
Druckers können auch von *Photoshop Elements* nicht überschrieben werden. Als Faustregel gilt, dass Tintenstrahldrucker norma-
lerweise nicht auf einem 3 bis 5 Millimeter breiten Randbereich
auf jeder Seite drucken können. Wenn Sie nicht sicher sind,
schauen Sie unbedingt im Handbuch Ihres Druckers nach.

Im Rahmen Skalierte Ausgabegröße legen Sie fest, ob das Bild für
den Ausdruck vergrößert oder verkleinert werden soll. Diese Einstellungen haben keine Auswirkungen auf die Bilddatei.

☑ Tragen Sie entweder die gewünschten Seitenverhältnisse in die
Felder Höhe und Breite oder den gewünschten Prozentwert in
das Feld Skalierung ein, woraufhin *Photoshop Elements* die Um-
rechnung eigenständig durchführt.

Wie Sie dem Kettensymbol hinter den beiden Feldern entnehmen können, werden dabei die proportionalen Seitenverhältnisse gewahrt.

☑ Klicken Sie abschließend auf OK, um die Druckoptionen für das Bild zu speichern, oder klicken Sie auf DRUCKEN, um das Bild direkt auf den Drucker auszugeben.

So druckt man ein Bildteil aus

Nicht immer werden Sie ein gesamtes Bild ausdrucken wollen. Möchten Sie nur einen Teil eines Bildes zu Papier bringen, dann benötigen Sie zunächst einen Auswahlrahmen.

Festlegen des Auswahlrahmens

Um den Bereich auf dem Bild auszuwählen, benötigen Sie das Auswahlwerkzeug. Es kommt in zwei Varianten vor:

☐ AUSWAHLRECHTECK: Mit diesem Werkzeug erstellen Sie eine rechteckige Auswahl.
☐ AUSWAHLELLIPSE: Zum Anlegen von elliptischen Auswahlen.

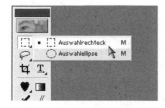

Bild 7.6:
Die beiden
Auswahlwerkzeuge

Sie finden die beiden Auswahlwerkzeuge ganz oben in der Werkzeugleiste.

Standardmäßig ist das AUSWAHLRECHTECK bereits aktiviert. Möchten Sie die AUSWAHLELLIPSE verwenden, dann klicken Sie auf den kleinen schwarzen Pfeil am unteren Rand des Symbols. In dem ausklappenden Menü können Sie das gewünschte Werkzeug auswählen.

☑ Wählen Sie ein Auswahlwerkzeug aus.

☑ Achten Sie in der Optionsleiste darauf, dass das Symbol für NEUE AUSWAHL aktiviert ist.

☑ Ziehen Sie diagonal über den gewünschten Bereich, um den Bereich auszuwählen.

Wenn Sie während des Ziehens die ⌧-Taste gedrückt halten, wird die Auswahlform auf ein Quadrat oder einen Kreis eingeschränkt. Wünschen Sie die Auswahl von der Mitte aus zu ziehen, dann halten Sie während des Vorgangs die ⌐alt⌐-Taste gedrückt.

Möchten Sie den Rahmen verschieben, so klicken Sie innerhalb des Rahmens. Wenn der Mauszeiger die Form eines kleinen gefüllten schwarzen Pfeils annimmt, bewegen Sie die Maus in die gewünschte Richtung.

Bild 7.7:
Den zu bedruckenden
Bereich festlegen

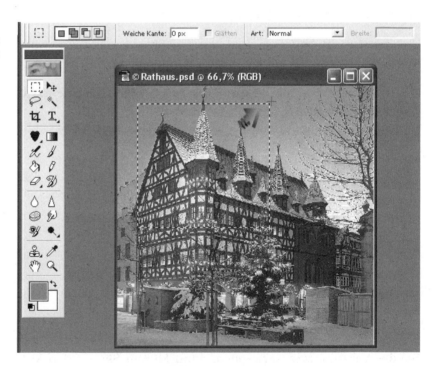

Drucken des Auswahlbereichs

Nachdem Sie den Teil des Bildes, der gedruckt werden soll, mit dem Auswahlrechteck festgelegt haben, gehen Sie wie folgt vor:

☑ Wählen Sie DATEI ♦ DRUCKVORSCHAU oder klicken Sie auf die gleichnamige Schaltfläche.

☑ Aktivieren Sie das Kontrollkästchen AUSWAHLBEREICH DRUCKEN und klicken Sie dann auf DRUCKEN.

7.2.3   Den Ausdruck starten

Wenn Sie alle Einstellungen getroffen haben, starten Sie den Ausdruck durch Anklicken der Schaltfläche DRUCKEN bzw. durch Aufruf von DATEI ♦ DRUCKEN.

Es erscheint das gleichnamige Dialogfenster.

Bild 7.8:
Legen Sie hier die
letzten Parameter fest

Im oberen Bereich wird der Name des aktuellen Druckers angezeigt.

☑ Legen Sie im Bereich DRUCKBEREICH fest, ob Sie alle Seiten, bestimmte Seiten oder den markierten Bereich ausdrucken wollen.

Da Sie zuvor einen Bereich markiert hatten, ist bereits die entsprechende Optionsschaltfläche aktiviert.

☑ Im Listenfeld DRUCKQUALITÄT stellen Sie die gewünschte Druckerauflösung ein.

☑ Möchten Sie mehr als einen Ausdruck, dann geben Sie die Anzahl in das Feld KOPIEN ein.

☑ Um den Druckvorgang einzuleiten, klicken Sie auf OK.

Sie haben danach für einen kurzen Moment Zeit, den Druck mit einem Klick auf ABBRECHEN zu stoppen, bevor Ihr Drucker das Bild ausgibt.

7.3 Foto-CD erstellen

Statt Ihre Bilder auf Papier zu bannen, können Sie mit wenigen Mitteln Ihre Fotos professionell auf jedem Computer abspielen. Dazu benötigen Sie lediglich eine Brennsoftware, die in der Lage ist, eine Foto-CD zu erstellen und natürlich einen CD-Brenner. Während Letzterer schon fast zur Grundausstattung eines neuen PCs gehört, sollten Sie sich vor dem Kauf einer Brennsoftware erkundigen, ob diese auch in der Lage ist, eine Foto-CD zu erstellen.

Im Folgenden finden Sie den Brennvorgang für die Software *WinOnCD* beschrieben. Die einzelnen Schritte unterscheiden sich bei anderen Programmen, etwa *Nero Burning ROM*, nur unwesentlich.

☑ Starten Sie die Brennsoftware (im folgenden Beispiel eben *WinOnCD*) auf die Ihnen bekannte Weise.

☑ Es erscheint das Start-Dialogfenster NEUES PROJEKT, in dem Sie zunächst als Projekttyp die Registerkarte VIDEO aktivieren müssen.

Hier finden Sie ein Symbol namens PHOTOALBUM, welches die gewünschten Optionen bietet.

☑ Markieren Sie es.

Wenn Sie mehrere CDs erstellen, dann ist es hilfreich, an dieser Stelle dem Projekt einen aussagekräftigen Namen zu geben, damit Sie es wiederfinden. Diese Angaben können Sie in dem Feld PROJEKTNAME eintragen.

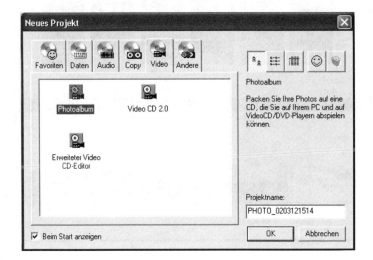

Bild 7.9:
Ein Fotoalbum erstellen

☑ Bestätigen Sie mit OK, um in das nächste Fenster zu gelangen.

Die Auswahl der Fotos erfolgt nun wie gewohnt:

☑ Suchen Sie im *Explorer*-Baum auf der linken Seite den Speicherort Ihrer Bilder und stellen Sie ihn ein.

Die Ansicht des oberen Vorschaufensters können Sie über ANSICHT • QUELLE • VORSCHAU beispielsweise auf BROWSER einstellen, so dass Sie die Bilder gleich erkennen können.

☑ Markieren Sie nun die für Ihre CD interessanten Bilder und ziehen Sie diese einfach in den unteren Bereich, der mit ALBUM 1 bezeichnet ist.

Mithilfe der Schaltflächen über dem Bereich können Sie im Bedarfsfall noch ein paar Änderungen vornehmen. So können Sie etwa das Aussehen des Albums selbst verändern oder die Fotos mit einem Rahmen versehen.

Haben Sie alle Bilder in das Album aufgenommen, starten Sie wie gewohnt den Brennvorgang und nach ein paar Minuten (je nach Ihrer vorhandenen Hardwareausstattung) können Sie die erste Foto-CD begutachten.

8 Auswahlverfahren

Ab diesem Kapitel geht es in diesem Buch um das Thema Bildbearbeitung. Dazu werden Sie zunächst lernen, wie man bestimmte Bildbereiche freistellt. Dabei werden Ausschnitte des Bildes isoliert, um sie besser bearbeiten zu können.

Dieses Kapitel wird Ihnen zeigen,
☐ welche Funktionen *Photoshop Elements* für das Freistellen bereithält,
☐ welche Auswahlformen es gibt und wie man mit ihnen arbeitet,
☐ wie man Auswahlbereiche editiert und
☐ wie man am besten dabei vorgeht.

8.1   Auswahlvorgänge

Vielleicht haben Sie schon einmal versucht, mithilfe des Werkzeugs PINSEL die Farbe einer Fläche auf Ihrem Bild zu verändern und waren anschließend von dem Ergebnis enttäuscht. War nur ein fransiger Verlauf zu sehen, weil es Ihnen nicht gelungen ist den Pinsel „genau" zu führen?

Um bestimmte Bereiche innerhalb eines Bildes gezielt bearbeiten zu können, müssen Sie diese zuvor auswählen. Man spricht in diesem Zusammenhang auch von „maskieren". Effekte, die Sie auf die Maske anwenden, werden dann ausschließlich nur dort angewandt. Ein solch ausgewählter Bereich wird durch eine gepunktete Auswahlbegrenzung (der Auswahl) gekennzeichnet. Der Bereich außerhalb der Auswahlbegrenzung ist beim Verschieben, Kopieren, Malen oder Anwenden von Spezialeffekten im ausgewählten Bereich geschützt.

8.2 Arbeiten mit Auswahlformen

Sicherlich werden Sie jetzt fragen, wie man das bewerkstelligen kann. Wie Sie sich vorstellen können, variieren die Formen der zu maskierenden Bereiche oft sehr stark. So finden Sie einfache rechteckige Formen oder komplexe Formen, wie die eines Tieres oder Menschen. Wie Sie im Folgenden sehen werden, gibt es eine Reihe an Funktionen, die Ihnen *Photoshop Elements* für das Freistellen zur Verfügung stellt. Seien Sie aber nicht enttäuscht, wenn sich nach den ersten Erfolgen ein bisschen Frust einstellt. Trotz der Vielfalt der Funktionen der Maskierungswerkzeuge ist gerade bei komplexeren Formen die Kombination mehrerer Werkzeuge und eine Menge Geduld erforderlich.

8.2.1 So erstellen Sie geometrische Ausschnitte

Geometrische Ausschnitte können Sie recht einfach erzeugen. Dazu stehen die Auswahlwerkzeuge AUSWAHLRECHTECK und AUSWAHLELLIPSE bereit.

Rechteckige Auswahlrahmen

☑ Öffnen Sie zunächst ein Foto Ihrer Wahl.

☑ Wählen Sie dann das AUSWAHLRECHTECK durch Anklicken aus.

☑ Klicken Sie anschließend in die Bilddatei, um die linke obere Ecke des rechtwinkligen Ausschnittes festzulegen.

☑ Halten Sie die Maustaste gedrückt und bewegen Sie die Maus in diagonaler Richtung. Empfehlenswert ist es, diesen Vorgang von oben nach unten vorzunehmen. Sie können ihn aber in jede Richtung ausführen.

☑ Lassen Sie die Maustaste los, sobald sich der auszuwählende Bereich vollständig innerhalb dieses Rahmens befindet.

Daraufhin wird ein rechteckiger Bildausschnitt angezeigt, der von einer sich bewegenden gestrichelten Linie (man spricht scherzhaft auch von einem Ameisenband) umgeben ist.

Damit haben Sie eine Auswahl erstellt und alle nachfolgenden Aktionen wirken sich ausschließlich auf den gewählten Bereich aus.

Um Ihnen das eindrucksvoll zu demonstrieren, probieren Sie einmal Folgendes:

☑ Verwenden Sie die Tastenkombination (Strg)+(X).

Erschrecken Sie nicht. Der maskierte Bildrahmen verschwindet und hinterlässt eine weiße Lücke.

Sie haben den Inhalt des Auswahlrahmens in die Zwischenablage kopiert. Was man damit weiter anstellen kann, werden Sie gleich erfahren. Doch zuvor lernen Sie noch die Funktionsweise der AUSWAHLELLIPSE kennen.

☑ Nehmen Sie zunächst den eben vorgenommen Schritt zurück. Betätigen Sie dazu [Strg]+[Z] oder klicken Sie das Symbol SCHRITT ZURÜCK in der Symbolleiste an.

☑ Um den noch verbleibenden Auswahlrahmen aufzuheben, wählen Sie AUSWAHL ◆ AUSWAHL AUFHEBEN an. Schneller geht es mit [Strg]+[D].

Kreisförmige Auswahlrahmen

Die Vorgehensweise beim Erstellen eines kreisförmigen (elliptischen) Auswahlrahmens ist nahezu die gleiche wie bei einem rechteckigen.

☑ Wählen Sie das Werkzeug AUSWAHLELLIPSE aus und klicken Sie damit in die Bilddatei.

☑ Legen Sie die obere Ecke des Ausschnittes fest und ziehen Sie diagonal den Rahmen auf.

Kreisförmige Auswahl

Um eine kreisförmige (wie auch eine quadratische) Auswahl zu erzeugen, halten Sie beim Aufziehen der Aktion die 🔲-Taste gedrückt. Wenn Sie die Auswahl von der Mitte her aufziehen möchten, müssen Sie dagegen die 🔲-Taste gedrückt halten.

☑ Lassen Sie dann die Maus los, um den Rahmen zu begutachten.

Sind Sie mit der Lage nicht zufrieden, dann ändern Sie diese wie folgt:

☑ Zeigen Sie mit dem noch aktivierten Auswahlwerkzeug in die Auswahl.

Bild 8.3:
Die Lage des Auswahlbereichs lässt sich nachträglich korrigieren

Der Cursor nimmt daraufhin eine andere Form an.

☑ Jetzt können Sie bei gedrückter Maustaste den Rahmen an die gewünschte Stelle schieben.

Hat er seine vorgesehene Lage eingenommen,

☑ betätigen Sie die Tastenkombination [Strg]+[C], um den Rahmen in die Zwischenablage zu kopieren. Sie können auch auf das Symbol KOPIEREN klicken.

Im Gegensatz zum ersten Fall bleibt diesmal der Auswahlrahmen im Bild gefüllt und es wurde lediglich eine Kopie in die Zwischenablage übernommen.

Neue Bilddatei anlegen

Aus der eben kopierten Auswahl soll eine neue Bilddatei erstellt werden.

☑ Klicken Sie zunächst auf DATEI und dann auf NEU oder klicken Sie auf das gleichnamige Symbol in der Symbolleiste.

Daraufhin erscheint ein Dialogfenster.

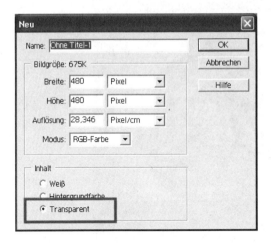

Bild 8.4:
Anlegen einer
neuen Bilddatei

☑ Geben Sie hinter NAME einen aussagekräftigen Namen, z. B. Tigerkopf, ein. Dabei brauchen Sie den vorgegebenen Namen nicht zu löschen. Sobald Sie den ersten Buchstaben des neuen Namens eingeben, wird dieser überschrieben.

☑ Aktivieren Sie noch im Rahmen INHALT die Option TRANSPARENT und bestätigen Sie Ihre Wahl mit OK.

Photoshop Elements erstellt nun eine neue leere Bilddatei. Lassen Sie sich nicht von dem Aussehen in die Irre leiten. Die Datei ist wirklich leer. Die grau-weiß-karierte Farbgebung symbolisiert lediglich den transparenten Hintergrund.

 ☑ Betätigen Sie nun die Tastenkombination [Strg]+[V], um den Inhalt der Zwischenablage einzufügen. Sie können aber auch auf das Symbol für EINFÜGEN in der Symbolleiste klicken.

Der vorher kopierte Bildausschnitt wird daraufhin in der neuen Bilddatei angezeigt.

Bild 8.5:
Einfügen der Zwischen-
ablage in ein neues Bild

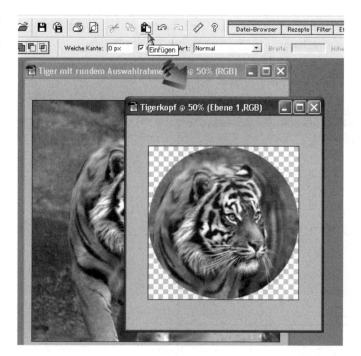

8.2.2 So wählen Sie mehrere Bereiche innerhalb eines Bildes aus

Häufig kommt es vor, dass mehrere Bereiche eines Bildes ausgewählt und bearbeitet werden sollen. Das erscheint auf den ersten Blick gar nicht so einfach, denn standardmäßig wird ein bestehender Auswahlbereich aufgehoben, sobald Sie einen anderen Bereich auswählen.

Sie können allerdings die Auswahlwerkzeuge kombinieren.

Auswahlbereiche hinzufügen

Um nacheinander mehrere Auswahlbereiche zu erzeugen, gehen Sie so vor:

☑ Legen Sie zunächst wie gewohnt einen Auswahlrahmen mit dem entsprechenden Auswahlwerkzeug fest.

☑ Aktivieren Sie dann in der Optionsleiste das Symbol DER AUSWAHL HINZUFÜGEN.

☑ Nun erzeugen Sie die weiteren Auswahlbereiche. Wenn Sie dabei andere Bereiche schneiden, „laufen" diese zusammen und bilden so eine Einheit.

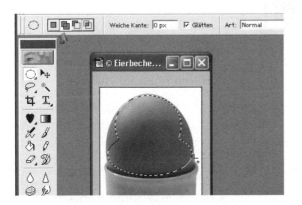

Bild 8.6:
Hier wurden zwei elliptische Auswahlbereiche kombiniert

Auswahlbereiche entfernen

Um Bereiche aus einer bestehenden Auswahl zu entfernen,

☑ aktivieren Sie in der Optionsleiste das Symbol VON AUSWAHL SUBTRAHIEREN.

☑ Schränken Sie anschließend mit dem Auswahlwerkzeug den Bereich ein.

Bild 8.7:
Auswahl verringern

Sofern sich die beiden Auswahlbereiche dabei überlappen, wird der Überlappungsbereich aus der ersten Auswahl entfernt.

Schnittmengen bilden

Komplexe Formen können Sie mithilfe von Schnittmengen erhalten. Um einen solchen Auswahlbereich zu erzeugen, müssen Sie

☑ zunächst den ersten Auswahlbereich erzeugen und

☑ dann in der Optionsleiste die Schaltfläche SCHNITTMENGE MIT AUSWAHL BILDEN aktivieren.

☑ Zeichnen Sie dann den zweiten Auswahlbereich.

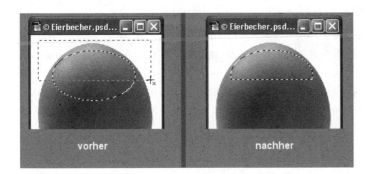

Bild 8.8:
Schnittmengen mithilfe von Auswahlbereichen erzeugen

Aus dem Bereich, der den ersten Bereich überlappt, entsteht auf diese Art und Weise ein neuer Auswahlbereich.

8.2.3   So erstellen Sie beliebig geformte Bildausschnitte

Weitaus häufiger als mit geometrischen Formen dürften Sie es mit unterschiedlich geformten Bildmotiven zu tun haben. Da das Freistellen solcher Bildelemente aufwändiger ist, stellt *Photoshop Elements* eine Reihe an Werkzeugen zur Verfügung.

So wurde im vorherigen Beispiel das Ei nur recht grob maskiert – denn es ging zunächst nur um die Techniken. Im Folgenden soll das Ei aber sauber freigestellt werden.

Bereiche mit dem Lasso auswählen

Das erste Werkzeug, welches Sie aus dieser Reihe kennen lernen werden, ist das Werkzeug Lasso.

 ☑ Wählen Sie aus der Werkzeugpalette das Werkzeug Lasso aus.

Wie Sie sehen, nimmt der Mauszeiger die Form eines Lassos an.

Ruhige Hand vonnöten

Das Arbeiten mit dem Lasso-Werkzeug erfordert eine ruhige Hand. Sie müssen den Umriss des freizustellenden Teils mit der gedrückten Maustaste einmal ganz genau umfahren und dürfen die Maus erst wieder loslassen, wenn Sie am Anfang angelangt sind. Wenn Sie vorher absetzen, müssen Sie ganz von vorne anfangen!

☑ Klicken Sie nun auf den Bildbereich, in der die Kontur beginnen soll.

☑ Halten Sie die linke Maustaste gedrückt und zeichnen Sie langsam den gesamten Umriss des freizustellenden Objekts nach.

☑ Wenn Sie den Startpunkt wieder erreicht haben, lassen Sie die Maustaste los.

Der Endpunkt wird daraufhin mit dem Startpunkt verbunden und die Auswahl somit geschlossen.

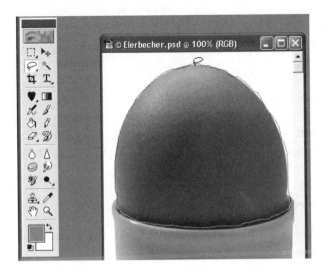

Hilfreich ist es übrigens, wenn Sie vor der Arbeit mit dem LASSO dafür sorgen, dass die Bilddatei so groß wie möglich dargestellt wird. So lassen sich die Umrisse besser umfahren.

☑ Klicken Sie dazu bei gedrückter [Strg]-Taste mit der Plustaste so lange, bis die gewünschte Vergrößerung erreicht ist oder verwenden Sie das LUPEN-Werkzeug.

Wenn Sie sich das Ergebnis anschauen, dann werden Sie – je nach Ausprägung Ihrer ruhigen Hand und Geduld – mehr oder weniger zufrieden sein. Wie Sie sehen, hangelt die Auswahllinie sich an den einzelnen Pixeln entlang, wie Sie bei ausreichender Vergrößerung erkennen werden.

Bereiche mit dem Polygon-Lasso auswählen

Wie Sie sicherlich festgestellt haben, ist das Arbeiten mit dem LASSO-Werkzeug schon recht anstrengend. Möchten Sie Bereiche isolieren, die vorwiegend gerade Kanten aufweisen, dann verwenden Sie besser das Werkzeug POLYGON-LASSO. Dieses erstellt einen Auswahlbereich auf Basis von Polygonzügen, die aus einer Reihe von geraden Linien bestehen. Doch sehen Sie selbst:

☑ Wählen Sie das Werkzeug POLYGON-LASSO.

☑ Wenn der Mauszeiger die Form des Werkzeugs angenommen hat, führen Sie es an den Punkt, an dem die Kontur beginnen soll.

☑ Klicken Sie einmal mit der Maus.

☑ Bewegen Sie den Mauszeiger – ohne dabei die Maustaste zu drücken – nun an den Punkt, an dem ein Richtungswechsel stattfinden soll.

☑ Klicken Sie dort erneut

Zwischen den beiden Punkten (den Mausklicks) erscheint nun eine Linie.

<table>
<tr><td>Bild 8.10:
Komfortabler: das
POLYGON-LASSO</td><td>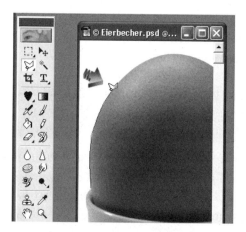</td></tr>
</table>

☑ Wiederholen Sie die eben gezeigten Schritte so lange, bis der entsprechende Bildbereich völlig eingerahmt ist.

☑ Um die Auswahl zu schließen, bewegen Sie die Maus in die Nähe des Startpunkts. Dort klicken Sie einmal, um den Auswahlrahmen zu vollenden.

Arbeiten mit dem magnetischen Lasso

Bislang haben Sie die Bildbereiche nahezu manuell ausgewählt. Im weiteren Ablauf werden Sie ein halbautomatisches Werkzeug kennen lernen, welches ein recht bequemes Arbeiten erlaubt.

Beim MAGNETISCHEN LASSO legen Sie einen Startpunkt fest und führen das Werkzeug der Kontur entlang. Dabei ermittelt das Werkzeug automatisch den Verlauf der Kontur anhand der auftretenden Kontrastunterschiede, so dass dieses Werkzeug immer dann erste Wahl ist, wenn sich das freizustellende Objekt vom übrigen Motiv abhebt.

☑ Wählen Sie das MAGNETISCHE LASSO in der Werkzeugleiste aus.

Bevor Sie mit dem Auswählen beginnen, sollten Sie Ihr Augenmerk auf die Optionsleiste richten. Sobald Sie das Werkzeug ausgewählt haben, können Sie hier die Präzision des Werkzeugs näher einstellen. Dabei stehen Ihnen folgende Optionen offen:

☐ BREITE: In diesem Feld geben Sie den Bereich ein, innerhalb dessen das Werkzeug Kontrastunterschiede erkennen soll.

☐ KANTENKONTRAST: Mit diesem Wert legen Sie fest, wie exakt das Werkzeug die Kanten des Bereichs erkennt. Je höher der Kontrast dabei ist, desto höher sollte der Wert sein.

☐ FREQUENZ: In dem letzten Feld geben Sie an, wie oft *Photoshop Elements* die Richtungspunkte einfügen soll.

☑ Haben Sie alle Einstellungen getroffen, klicken Sie wieder Punkt für Punkt den Umriss entlang.

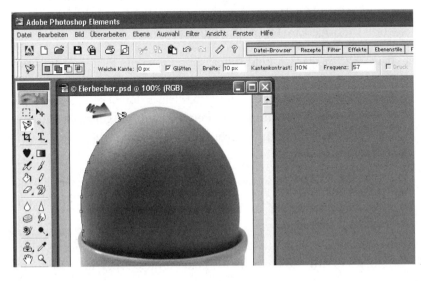

Bild 8.11:
Das MAGNETISCHE LASSO ermittelt Kontrastunterschiede

Diesmal können Sie beobachten, wie *Photoshop Elements* sich selbst die Auswahlkante sucht und die Richtungspunkte demgemäß anordnet.

☑ Haben Sie sich „verklickt", dann können Sie mit der [Entf]-Taste den letzten Punkt löschen und ihn neu setzen.

☑ Wenn Sie zum Startpunkt zurück gelangt sind, beenden Sie das Freistellen mit einem einfachen Klick.

8.2.4 So erfassen Sie komplex geformte Bereiche

Eine Variante der beliebig geformten Bildausschnitte, die sehr häufig anzutreffen ist, sind äußerst komplexe Bereiche, die eine gleiche oder ähnliche Farbe aufweisen.

 Diese Bereiche lassen sich am besten mit dem Werkzeug ZAU-BERSTAB einfangen. So können Sie mit einem einzigen Klick auf einen bestimmten Bildpunkt ähnliche Bildpunkte auswählen, die dann den Bereich definieren. Das Werkzeug orientiert sich dabei an den Helligkeitswerten der einzelnen Pixel und sollte deshalb zuvor auf die jeweiligen Bedürfnisse eingestellt werden.

Diese Einstellungen nehmen Sie wie gewohnt in der Optionsleiste vor. Wenn Sie das Werkzeug ausgewählt haben, finden Sie dort folgende wichtige Einstellungsmöglichkeiten:

☐ TOLERANZ: In diesem Feld (*Photoshop Elements* gibt standardmäßig den Wert 32 vor) legen Sie einen Wert von 0 bis 255 fest und bestimmen so den Wertebereich der Farben, die ebenfalls in die Auswahl mit aufgenommen werden. Je geringer Sie diesen Wert einstellen, umso größer ist die Farbähnlichkeit.

☐ GLÄTTEN: Haben Sie das Kontrollkästchen GLÄTTEN aktiviert, dann erzeugt das Programm weiche Konturen entlang der Auswahlbegrenzungen. Eventuell auftretende Fransen werden dabei entfernt.

☐ BENACHBART: Die Aktivierung dieses Kontrollkästchens führt dazu, dass nur die Farben eines zusammenhängenden Bereichs ausgewählt werden. Deaktivieren Sie diese Option, dann werden alle Pixel mit der ausgewählten Farbe im gesamten Bild ausfindig gemacht und markiert.

Wenn Sie die Einstellungen getroffen haben, fahren Sie wie folgt fort:

☑ Klicken Sie mit dem Werkzeug ZAUBERSTAB auf die Farbe innerhalb des Bildes, die markiert werden soll.

Photoshop Elements ermittelt daraufhin eigenständig die nebeneinander liegenden Bildpunkte und markiert diese, sofern Sie innerhalb der eingestellten Farbtoleranz liegen.

Haben Sie diese Toleranz nicht hoch genug eingestellt, verbleiben freie Bereiche.

Sie müssen jedoch nicht von vorne beginnen, da das Programm
bei Auswahl des Werkzeugs die Option DER AUSWAHL HINZUFÜGEN eingeschaltet hat.

☑ Klicken Sie einfach mit dem ZAUBERSTAB auf die noch nicht ausgewählten Bereiche.

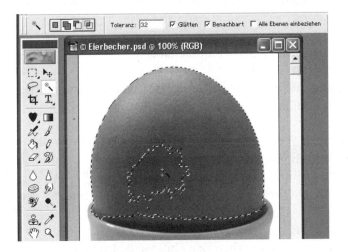

Bild 8.12:
Der ZAUBERSTAB arbeitet mit Helligkeitswerten und ermöglicht exaktes Maskieren

Diese werden daraufhin den bis dahin ausgewählten hinzugefügt.

☑ Maskieren Sie auf diese Art alle zusammenhängenden Bereiche.

Haben Sie dabei aus Versehen zu viele Bildpunkte erwischt, dann können Sie das Verfahren auch umkehren und diese auf folgende Weise aus dem Bereich entfernen:

 ☑ Aktivieren Sie in der Optionsleiste das Symbol VON AUSWAHL SUBTRAHIEREN.

☑ Klicken Sie anschließend auf die Bereiche, die Sie entfernen möchten.

8.2.5 Weichere Auswahlkanten

Auswahlbereiche, die sich mit den Lasso-Werkzeugen oder dem Zauberstab erstellen, weisen sehr oft einen fransigen Konturverlauf auf. Zwar können Sie den Grad dieser Unregelmäßigkeiten durch Aktivieren des Kontrollkästchens GLÄTTEN im Optionsfeld weitestgehend minimieren. Sie können aber auch nachträglich einen weicheren Konturenverlauf erhalten, wenn Sie die entsprechenden Einstellungen im Dialogfenster WEICHE AUSWAHLKANTE vornehmen.

☑ Legen Sie zunächst den Auswahlbereich fest.

☑ Rufen Sie dann AUSWAHL ♦ WEICHE AUSWAHLKANTE auf, um an das entsprechende Dialogfenster zu gelangen.

☑ Tragen Sie einen Wert in das Feld RADIUS ein. Sie können dabei aus einem Bereich von 0,2 bis 250 wählen.

☑ Wenn Sie mit OK bestätigen, führt *Photoshop Elements* den Befehl aus.

Sie dürften dann sogleich deutlich den Unterschied erkennen.

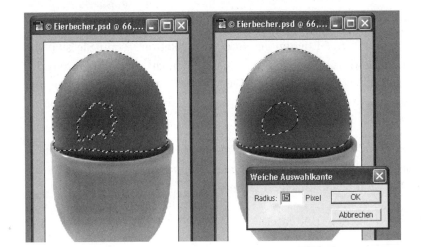

8.3 Auswahlbereiche editieren

Nachdem Sie im vorherigen Abschnitt gesehen haben, wie man Bildbereiche gezielt freistellen kann, geht es in diesem Abschnitt um die Bearbeitung derselben.

8.3.1 Arbeiten mit Ebenen

Photoshop Elements verfügt über eine Reihe von Standardfunktionen, die Sie vielleicht auch von anderen Programmen her kennen. So können Sie

☐ Bereiche ausschneiden,
☐ Bereiche kopieren,
☐ Bereiche löschen und
☐ Bereiche einfügen.

Diese Arbeitsschritte haben Sie bereits weiter oben kennen gelernt. Im Folgenden sollen Sie eine weitere Besonderheit kennen lernen: das Arbeiten mit Ebenen.

Ebenen

Das Arbeiten mit Ebenen gestaltet sich leichter, wenn Sie sich die Ebenen als durchsichtige Folien vorstellen, die exakt übereinander liegen. Dieses Prinzip kennen Sie von den Overheadfolien her, bei denen man verschiedene Zustände ebenfalls durch Übereinanderlegen von Folien anzeigen kann.

Beim Erstellen eines neuen Bildes in *Photoshop Elements* besteht dieses zunächst aus lediglich einer Hintergrundebene. Diese können Sie sich sogar anzeigen lassen.

☑ Laden Sie eine Bilddatei.

☑ Ziehen Sie dann die EBENEN-Palette, sofern Sie nicht schon auf dem Bildschirm sichtbar ist, aus dem Palettenraum auf den Arbeitsbereich.

Wie Sie sehen, wird Ihnen hier die Hintergrundebene angezeigt.

Bild 8.14:
Die EBENEN-Palette
verwaltet die Ebenen

In jedes Bild können Sie nun weitere Ebenen einfügen, die Sie separat bearbeiten können. Auf diesen Ebenen können Sie Texte eingeben, Objekte einfügen oder auch Umfärbungen vornehmen.

Und genau das soll mit dem Beispiel demonstriert werden. Falls Sie beispielsweise nicht wissen, ob Sie dieses Jahr Ihre Ostereier rot oder blau oder sonst wie färben sollen, können Sie das mithilfe von Ebenen schnell austesten.

☑ Erstellen Sie zunächst einen Auswahlrahmen um das Ei.

Welche Vorgehensweise Sie hierbei wählen, bleibt Ihnen überlassen. Vielleicht wollen Sie die eine oder andere Art noch einmal ausprobieren. Ich habe mich für den ZAUBERSTAB entschieden, da dieser aufgrund der unterschiedlichen Helligkeitswerte für dieses Beispiel am besten geeignet ist.

☑ Kopieren Sie dann die Auswahl in die Zwischenablage. Klicken Sie auf das Symbol KOPIEREN oder erledigen Sie das mit ⌊Strg⌋+⌊C⌋.

☑ Fügen Sie unmittelbar danach den so kopierten Bereich wieder in das Bild ein. Klicken Sie dazu entweder auf das Symbol EINFÜGEN oder tippen Sie ⌊Strg⌋+⌊V⌋.

Vielleicht meinen Sie jetzt, dass nichts passiert ist. Das ist augenscheinlich so. Wenn Sie aber einen Blick in die EBENEN-Palette werfen, erkennen Sie, was passiert ist.

Beim Einfügen wurde automatisch eine neue Ebene erstellt und der eingefügte Bereich wurde in dieser Ebene platziert.

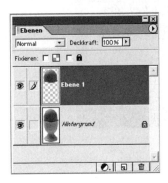

Bild 8.15:
Eine neue Ebene
wurde eingefügt

Grundlegendes Arbeiten mit der Ebenen-Palette

Wie Sie mittlerweile wissen, werden die einzelnen Ebenen innerhalb der EBENEN-Palette angezeigt und verwaltet. Diese Aufgaben werden über die verschiedenen Symbole durchgeführt.

Sicherlich sind Ihnen auch gleich die beiden Symbole vor den Ebenen aufgefallen. Diese haben folgende Bedeutung:

□ AUGENSYMBOL: Möchten Sie eine Ebene ausblenden, dann klicken Sie auf eines der Augensymbole vor der Ebene.

□ PINSELSYMBOL: Der Pinsel zeigt Ihnen an, dass die Ebene gerade in Bearbeitung ist. Zusätzlich wird die Ebene markiert dargestellt.

Möchten Sie nun eine Ebene ausblenden, so klicken Sie einfach auf das Augensymbol und augenblicklich wird diese Ebene nicht mehr angezeigt.

Bild 8.16:
Ebenen können aus-
und eingeblendet
werden

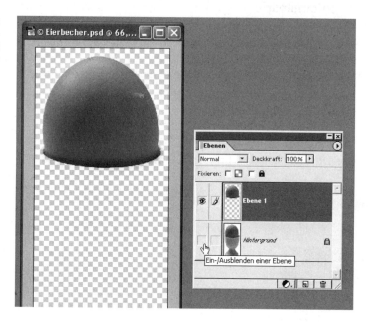

Ebenen löschen

Sollte einer der im Folgenden gezeigten Schritte schief gehen, so ist das ab jetzt kein Grund zur Panik mehr. Löschen Sie einfach die Ebene und das Malheur ist behoben. Die Hintergrundebene bleibt Ihnen nämlich in jedem Fall erhalten.

Um eine Ebene zu löschen, muss diese markiert sein. Sie erkennen das an dem Pinselsymbol.

☑ Klicken Sie dann auf das Mülleimersymbol am unteren rechten Rand der EBENEN-Palette (EBENE LÖSCHEN) oder tippen Sie einfach auf .

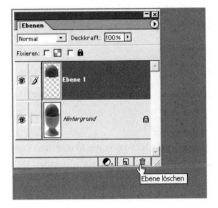

8.3.2 Auswahlbereiche füllen

Auswahlbereiche können Sie unter anderem auch mit einer Farbe, einem Muster oder einem gespeicherten Bildteil füllen und somit recht interessante Effekte erzielen.

Auswahlbereich mit einer Farbe füllen

Um einen Auswahlbereich mit Farbe zu füllen, gehen Sie am besten so vor:

☑ Legen Sie zunächst mit den geeigneten Auswahlwerkzeugen den Auswahlbereich fest.

Sinnvoll ist es, diesen Auswahlbereich als eigene Ebene einzufügen und diese zu bearbeiten. Wenn Sie sich für diese Vorgehensweise entscheiden, müssen Sie allerdings die Auswahl in der neuen Ebene abermals maskieren, damit die folgenden Schritte funktionieren.

☑ Verwenden Sie dazu das Werkzeug ZAUBERSTAB und

☑ stellen Sie ruhig einen großen Toleranzwert (> 150) ein, denn das Objekt wurde auf einen transparenten Hintergrund eingefügt.

☑ Um eine bessere Übersicht zu bekommen, sollten Sie zunächst die Hintergrundebene mit einem Klick auf das Augensymbol ausblenden.

Da, wie Sie gleich sehen werden, die Füllfarbe im Regelfall die Vordergrundfarbe ist, sollten Sie an dieser Stelle die gewünschte Füllfarbe auswählen.

☑ Doppelklicken Sie dazu auf das Feld VORDERGRUNDFARBE EINSTELLEN am unteren Rand der Werkzeugpalette und wählen Sie im Farbwähler die gewünschte Farbe aus.

☑ Rufen Sie anschließend BEARBEITEN ◆ FLÄCHE FÜLLEN auf.

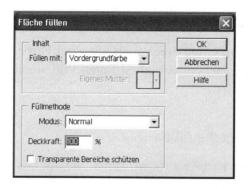

Es erscheint das Dialogfenster FLÄCHE FÜLLEN, in dem Sie die folgenden Einstellungen treffen können:

☑ Im Listenfeld FÜLLEN MIT wählen Sie die gewünschte Farbe aus. Da hier im Vorfeld die Vordergrundfarbe bereits eingestellt wurde, belassen Sie es bei dieser Einstellung.

☑ Gleiches gilt für das Feld MODUS, in dem Sie verschiedene Füllmodi festlegen können. Wenn Sie das Beispiel in diesem Abschnitt nachvollzogen haben, sollten Sie einmal die verschiedenen Einstellungen ausprobieren. Belassen Sie es hier bei der Einstellung NORMAL.

☑ Abschließend legen Sie noch die DECKKRAFT fest. Die Werte für diese Option können zwischen 1 % und 100 % liegen.

Wählen Sie hier keinen zu hohen Wert, da das Ergebnis sonst nicht sehr überzeugend wirkt. Zum transparenten Malen oder für schwache Effekte müssen niedrige Prozentwerte eingegeben werden. Möchten Sie deckend malen, so stellen Sie hier hohe Werte ein.

☑ Probieren Sie zunächst einmal einen Wert um die 50%.

☑ Schließen Sie anschließend das Fenster mit OK, um den Effekt zu sehen.

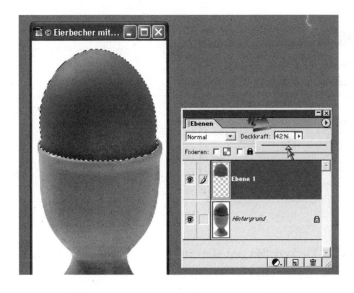

Bild 8.19:
Und schon ist
das Ei gefärbt

Sollte die Färbung zu kräftig sein, dann können Sie die Deckkraft mithilfe der Ebenen-Palette weiter verringern (und im Bedarfsfall auch erhöhen).

☑ Klicken Sie dazu in der Palette auf das Listenfeld DECKKRAFT und stellen Sie mit dem Schieberegler den Wert ein.

☑ Wenn Sie den Regler nach links bewegen, nimmt die Deckkraft ab. Wenn Sie ihn nach rechts bewegen, nimmt sie wieder zu.

Auswahlbereich mit einem Muster füllen

Anstatt einen Bildbereich mit einer Farbe zu füllen, können Sie auch ein Muster verwenden.

☑ Legen Sie zunächst wie gewohnt für den zu füllenden Bereich einen Auswahlrahmen fest.

☑ Rufen Sie dann BEARBEITEN ◆ FLÄCHE FÜLLEN auf, um das gleichnamige Dialogfenster auf den Schirm zu holen.

☑ Klicken Sie in das Listenfeld FÜLLEN MIT und wählen Sie den Eintrag MUSTER aus.

Bild 8.20:
Hier wählen Sie die
Füllung für den Aus-
wahlbereich aus

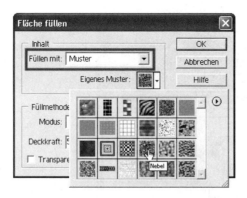

☑ Anschließend klicken Sie auf den nach unten weisenden Pfeil, der sich neben dem Feld EIGENES MUSTER befindet.

☑ In dem erscheinenden Listenfeld wählen Sie das von Ihnen bevorzugte Muster aus.

Sollten Ihnen die Muster nicht zusagen, so können Sie über das Palettenmenü weitere Muster aufrufen.

☑ Klicken Sie auf den runden nach rechts weisenden Pfeil und wählen Sie dann im Menü den Eintrag MUSTER2, der sich am unteren Rand befindet, aus.

☑ Um Ihre Eingaben abzuschließen, klicken Sie einfach auf OK. Daraufhin wird der Auswahlbereich mit dem ausgewählten Muster gefüllt.

Bild 8.21:
Der Auswahlrahmen mit einem Muster gefüllt

8.3.3 Auswahlbereich mit einer Kontur versehen

Im Dialogfenster KONTUR FÜLLEN können Sie eine Kontur in einer einstellbaren Breite und Farbe um eine Auswahl erzeugen.

☑ Wenn Sie den Auswahlrahmen festgelegt haben, rufen Sie BEARBEITEN ♦ KONTUR FÜLLEN auf.

☑ In dem erscheinenden Dialogfenster legen Sie im Eingabefeld BREITE die Konturenstärke in Pixel fest.

☑ Um die FARBE einzustellen, klicken Sie auf das Farbfeld und wählen anschließend in dem Farbwähler die gewünschte Farbe aus.

☑ Im Bereich POSITION bestimmen Sie durch Anklicken der jeweiligen Option, in welcher Richtung die Kontur vom Auswahlrahmen aus erzeugt werden soll.

Bild 8.22:
Kontur um einen Aus-
wahlbereich festlegen

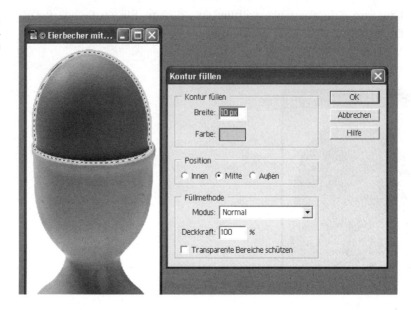

8.4 Auswahlbereiche interaktiv verformen

Wie Sie gleich sehen werden, können die Auswahlbereiche selbst verschoben, skaliert, gedreht, geneigt oder verzerrt werden. Auf diese Weise lassen sich interessante Effekte erzielen, da diese Transformationen sich auf die im Auswahlbereich befindlichen Bildpunkte auswirken.

8.4.1 Vorarbeiten

Zunächst einmal muss wieder ein Auswahlrahmen angelegt werden. Wenn Sie wie gewohnt vorgehen, kann sich beim Ausschneiden aber ein hässlicher Rand bemerkbar machen.

Ein solcher Rand entsteht, wenn beim Freistellen Bildpunkte nicht erfasst werden. Um einen solchen Effekt zu verhindern, empfiehlt es sich, den Auswahlbereich für solche Aktionen ein wenig auszuweiten. Mit den Befehlen im Menü zu AUSWAHL können Sie die Pixelzahl in einer bestehenden Auswahl erhöhen oder verringern und vereinzelte Pixel innerhalb oder außerhalb einer farbigen Auswahl bereinigen.

☑ Rufen Sie für unser Beispiel die Befehlsreihenfolge AUSWAHL ♦ AUSWAHL VERÄNDERN ♦ AUSWAHL ERWEITERN auf.

☑ In dem erscheinenden Dialogfenster können Sie einstellen, wie weit *Photoshop Elements* die Auswahl erweitern soll. Probieren Sie es zunächst mit einem kleineren Wert und geben Sie beispielsweise eine 2 in das Feld AUSWEITEN UM ein.

Bild 8.24:
So weiten Sie den
Auswahlbereich aus

Wählen Sie den Bereich nicht zu groß, damit nicht Teile von anderen Bildobjekten mit in den Auswahlbereich einbezogen werden.

8.4.2 Auswahlbereich verformen

Schneiden Sie jetzt diesen Auswahlbereich aus und übernehmen Sie ihn in die Zwischenablage.

☑ Verwenden Sie die Tastenkombination [Strg]+[X] oder klicken Sie auf das entsprechende Symbol in der Symbolleiste.

 ☑ Fügen Sie unmittelbar danach das Objekt wieder ein, indem Sie auf das EINFÜGEN-Symbol klicken oder die Tastenkombination [Strg]+[V] betätigen.

Wie Sie sehen, wird das ausgeschnittene Objekt genau in der Mitte der neuen Ebene platziert.

Interaktives Transformieren

Sie können Auswahlbereiche recht einfach interaktiv transformieren.

 ☑ Wählen Sie das VERSCHIEBEN-Werkzeug aus und achten Sie darauf, dass das Kontrollkästchen BEGRENZUNGSRAHMEN EINBLENDEN aktiviert ist.

Dadurch werden Ihnen die Anfassgriffe des Auswahlrahmens angezeigt, mit denen Sie die Veränderungen vornehmen können.

Bild 8.25:
Auswahlbereiche lassen sich mit dem VER-SCHIEBEN-Werkzeug transformieren

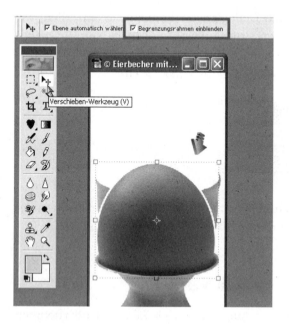

Mithilfe dieser Griffe können Sie nun die entsprechenden Verformungen interaktiv vornehmen.

Ungewollte Veränderungen verhindern

Keine Sorge, wenn Ihre Änderungen nicht so ausfallen, wie Sie sich das vorstellen. Erst, wenn Sie die ⊡-Taste betätigen, werden die Verformungen angenommen. Mit der Plustaste können Sie jederzeit die folgenden Aktionen abbrechen.

Standardmäßig können Sie ohne Einstellungen folgende Aktionen ausführen:

☐ Eckgriffe: Über die Eckgriffe können Sie den Auswahlbereich proportional skalieren. Zeigen Sie auf einen der Eckpunkte. Wenn dieser die Form eines Doppelpfeils annimmt, ziehen Sie bei gedrückter Maustaste in die entsprechende Richtung.

☐ Seitengriffe: Den Auswahlbereich stauchen oder dehnen Sie mithilfe der Seitengriffe.

Möchten Sie den Auswahlbereich drehen, dann müssen Sie

☑ zunächst in der Optionsleiste die Schaltfläche DREHEN aktivieren und

☑ dann auf einen Eckpunkt zeigen, um mit dem veränderten Cursor bei gedrückter linker Maustaste das Objekt in die gewünschte Richtung zu drehen.

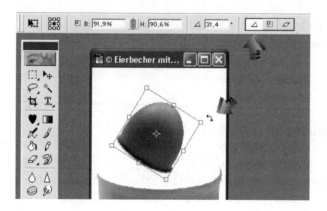

Auswahlbereiche exakt transformieren

Darüber hinaus können Sie Auswahlbereiche auch exakt durch Eingabe von Werten transformieren. Die dazu benötigten Eingabefelder finden Sie in der Optionsleiste.

☑ Wählen Sie – sofern nicht bereits geschehen – das VERSCHIEBEN-Werkzeug und betrachten Sie die Optionsleiste einmal näher.

Bevor Sie eine Einstellung vornehmen, sollten Sie sich über die Lage des Referenzpunktes klar werden. Standardmäßig befindet er sich in der Mitte des Auswahlrahmens. Das heißt, alle Aktionen beziehen sich auf diesen Punkt. Drehen Sie beispielsweise den Rahmen, dann dreht sich dieser auch um die Mitte.

☑ Im Bedarfsfall klicken Sie einfach auf den gewünschten Referenzpunkt, welcher daraufhin eine schwarze Markierung bekommt.

Anschließend können Sie die folgenden Optionen festlegen:

☐ Um den Auswahlbereich zu skalieren, geben Sie den gewünschten Skalierungsfaktor in die Felder B und H ein. Möchten Sie dabei die Proportionen erhalten, klicken Sie auf das Kettensymbol SEITENVERHÄLTNIS ERHALTEN.

☐ Um den Auswahlbereich zu drehen, geben Sie den gewünschten Winkel in das Feld DREHUNG EINSTELLEN ein. Möchten Sie den Ausgabebereich im Uhrzeigersinn drehen, geben Sie einen positiven Wert ein. Soll er gegen den Uhrzeigersinn gedreht werden, einen negativen.

9 Bilder retuschieren und montieren

Einfache Bildkorrekturen, wie Auto-Kontrast oder
das Ausrichten von Bildern, haben Sie in diesem
Buch schon kennen gelernt.

In diesem Kapitel erfahren Sie,
☐ wie man störende Bildelemente entfernt,
☐ wie Sie geknickte, zerkratzte oder beschädigte Bilder nachbessern können,
☐ was man gegen rote Augen machen kann,
☐ wie man aus mehreren Aufnahmen eine eindrucksvolle Panoramaaufnahme erstellt und
☐ wie Sie Bildelemente aus verschiedenen Bildern zu einem neuen Bild montieren können.

9.1 Bildelemente entfernen

Glauben Sie nur, was Sie sehen? Das kann schnell ins Auge gehen, wie Sie gleich sehen werden. Bilder sind schon lange kein Be-
weis mehr, denn mit wenigen Schritten können Sie Elemente aus
Bildern entfernen.

Behaupten beispielsweise Ihre Freunde, dass Sie sich einen ganzen Nachmittag am Strand vergnügt haben und dass es dafür einen Fotobeweis gibt, können Sie mit wenigen Handgriffen dafür
sorgen, dass Sie „nie dort" waren.

 ☑ Laden Sie zunächst das Foto und vergrößern Sie die besagte
Stelle mit der Lupe. Das geht am schnellsten, wenn Sie mit
dem Werkzeug Lupe einen Rahmen darum ziehen.

Stören Sie sich nicht daran, dass Sie bei einer hohen Auflösung
unter Umständen die einzelnen Bildpunkte erkennen. Wichtig ist
nur, dass Sie das Objekt selbst erkennen.

Um den Mann am Strand zu entfernen, benötigen Sie den so genannten KOPIERSTEMPEL. Mit diesem Werkzeug können Sie Bildpunkte von einem Bereich des Fotos in andere Bereiche kopieren, weshalb dieses Werkzeug für unsere Zwecke hervorragend geeignet ist.

☑ Klicken Sie auf das Symbol in der Werkzeugleiste, um ihn zu aktivieren.

Nachdem Sie das Werkzeug ausgewählt haben, müssen Sie zunächst einige Optionen einstellen. Diese nehmen Sie in der Optionsleiste vor.

Neben dem Feld PINSEL wird Ihnen die aktuelle Größe des Werkzeugs angezeigt. Daneben befindet sich ein kleiner nach unten weisender Pfeil. Mit einem Klick darauf, klappt eine Liste aus, die eine Reihe an Pinseln enthält. Hier können Sie einerseits festlegen, wie groß der Pinsel sein soll und andererseits, welches Randverhalten er zeigen soll.

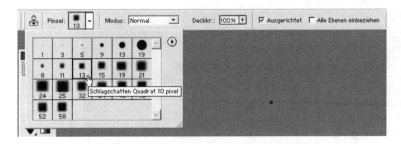

Am Anfang der Liste finden Sie mehr die Pinsel, die einen scharfen Rand aufweisen – am Ende der Liste dagegen die Pinsel, deren Rand weich in den Untergrund verläuft.

Welchen Pinsel Sie auswählen, hängt von der Problemstellung ab. Für unsere Aufgabenstellung benötigen Sie einen nicht zu großen Pinsel mit weichem Rand. Obwohl ein kleiner Pinsel natürlich mehr Arbeit bedeutet, fallen so die Bildänderungen nicht so sehr auf.

Von Bedeutung kann noch die Einstellung der DECKKR.(AFT) sein. Sie bestimmt, mit welcher Stärke die ausgewählten Bildpunkte auf die schadhafte Stelle kopiert werden sollen.

Wenn Sie auf den kleinen nach rechts weisenden Pfeil klicken, erscheint ein Schieberegler, mit dessen Hilfe Sie den benötigten Wert einstellen können. Wenn, wie in unserem Beispielfall, eine bestimmte Stelle völlig überdeckt werden soll, sind 100% genau die richtige Einstellung.

Achten Sie ferner darauf, dass das Kontrollkästchen AUSGERICHTET eingeschaltet ist. Dadurch passt sich die Auswahlstelle der Einfügestelle an und Sie erhalten ein gleichmäßigeres Bild. In diesem Fall wird nämlich der Aufnahmebereich jedes Mal vom Anfangspunkt aus aufgetragen, wenn Sie mit dem Werkzeug erneut ansetzen.

Ist es dagegen deaktiviert, dann wird der Aufnahmebereich auf die gesamte Aufnahme einmal angewendet und zwar unabhängig davon, wie oft Sie das Werkzeug ansetzen.

Nachdem Sie alle Einstellungen getroffen haben, kann es losgehen.

Wenn Sie mit dem Mauszeiger in das Bild zeigen, sehen Sie zunächst nur einen Kreis.

☑ Platzieren Sie diesen Kreis in die Nähe des Strandbesuchers und zwar am besten unmittelbar davor.

☑ Klicken Sie dann mit gedrückter ⌐alt⌐-Taste einmal an dieser Stelle.

Der Mauszeiger nimmt daraufhin kurz die Form des Werkzeugs KOPIERSTEMPEL an.

☑ Bewegen Sie nun den Kreis zu den Füßen des Strandbesuchers und klicken Sie dann mit der linken Maustaste.

Mit jedem Klick kopieren Sie so ein wenig Strand über die Füße und die Beine, so dass diese nach und nach verschwinden.

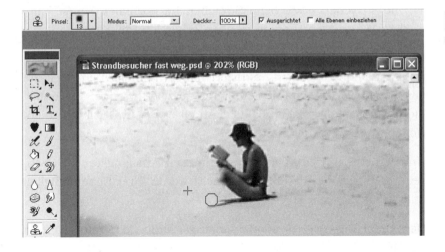

Bild 9.3:
So schnell kann man verschwinden!

Wie Sie sicherlich bemerken, wird die angeklickte Stelle mit dem Ursprungspunkt bemalt. Sie kopieren folglich mit diesem Hilfsmittel einen Bereich des Bildes an einen anderen.

Wahl des geeigneten Ursprungsorts

Wo sich der Ursprungsort befindet, ist völlig egal. Damit keine Nahtstellen sichtbar werden, ist aber eine gewisse Nähe zum zu übermalenden Objekt ratsam.

☑ Klicken Sie mehrfach, um den Besucher Stück für Stück zu übermalen.

Wenn Ihnen das Tupfen zu mühsam ist, können Sie den Bereich auch übermalen.

☑ Dazu lassen Sie die Maustaste nach einem Klick nicht mehr los und streichen – wie beim Streichen im normalen Leben – mit dem Mauszeiger über die zu überdeckenden Stellen.

Unabhängig davon sollten Sie beim Malen, sofern Sie das Kontrollkästchen AUSGERICHTET aktiviert haben, immer einen Blick auf das Kreuz werfen, das den Kopierort anzeigt. Wenn Sie nämlich nicht aufpassen, kopieren Sie eventuell etwas, was Sie gar nicht wollen.

Und ferner kann es angebracht sein, den Ausgangsort zu wechseln, damit später die Korrektur nicht wegen ihrer Ebenmäßigkeit auffällt.

Der Ursprungsort des Kopiervorgangs kann jederzeit geändert werden.

☑ Wechseln Sie einfach an eine andere Stelle.

☑ Klicken Sie dort erneut bei gedrückter ⌨alt-Taste mit der Maus, um dort den Ursprungsort festzulegen.

☑ Anschließend fahren Sie mit den Kopierarbeiten fort, bis alle Stellen übermalt sind.

Wenn Sie fertig sind, sollten Sie das Bild einmal im Ganzen anzeigen.

☑ Wählen Sie dazu das ZOOM-Werkzeug aus und

☑ klicken Sie in der Optionsleiste auf die Schaltfläche GANZES BILD.

9.2 Staub und Kratzer entfernen

Besonders ärgerlich ist es, wenn Ihr Lieblingsfoto einen oder gar mehrere Kratzer erhalten hat. Und wie es halt nun mal so ist, er kann noch so klein sein, das Auge schweift ständig zu diesem Makel hin.

9.2.1 Staub und Kratzer mit dem Kopierstempel entfernen

Mit dem im vorherigen Abschnitt vorgestellten Verfahren können Sie solche kleinen Fehler problemlos beheben.

☑ Passen Sie je nach Größe des Fehlers zunächst wieder die Pinselgröße und gegebenenfalls die Deckkraft an.

☑ Platzieren Sie dann wieder das Werkzeug an die Stelle, die Sie kopieren möchten, drücken die ⌥-Taste und übermalen dann die Stelle.

Bild 9.5:
Stempeln Sie kleine
Kratzer einfach weg

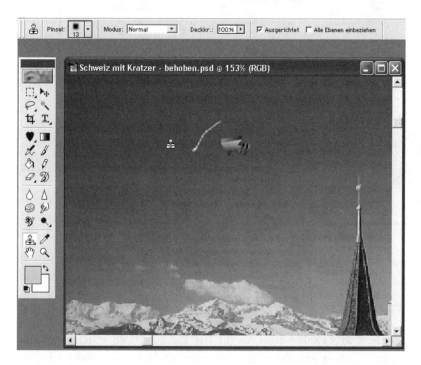

Nach dem Fertigstellen Ihrer Arbeiten sollte von dem Kratzer nichts mehr zu sehen sein und wenn Sie sauber gearbeitet haben, ist das der Fall.

9.2.2 Staub und Kratzer mit einem Filter entfernen

Nicht immer wird das eben gezeigte Verfahren zu einem befriedigenden Ergebnis führen. In diesem Fall sollten Sie Kratzer oder Staubkörner mittels eines Filters entfernen.

Ein solcher Filter fügt Störungen oder Bildpunkte nach dem Zufallsprinzip hinzu bzw. entfernt sie. Dadurch kann man eine Auswahl an die umliegenden Pixel angleichen.

☑ Laden Sie zunächst die betreffende Datei und markieren Sie den zerkratzten Bereich mit einem Auswahlwerkzeug, beispielsweise mit dem AUSWAHLRECHTECK.

☑ Suchen Sie im Palettenraum das Register FILTER und klicken Sie darauf. Suchen Sie hier den Filter STAUB & KRATZER und klicken Sie doppelt darauf.

Es erscheint das Dialogfenster STAUB & KRATZER ENTFERNEN, in dem Sie die erforderlichen Einstellungen vornehmen können.

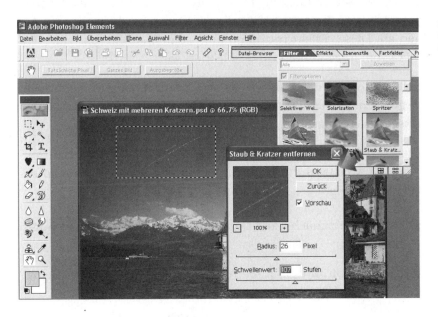

Bild 9.6:
Kratzer mit einem Filter entfernen

☑ Achten Sie zunächst darauf, dass das Kontrollkästchen VORSCHAU markiert ist, damit Sie gleich die Auswirkungen Ihrer

Einstellungen in dem kleinen Vorschaufenster begutachten können.

☑ Verschieben Sie zunächst beide Schieber, für RADIUS und SCHWELLENWERT ganz nach links.

☑ Verschieben Sie dann den Regler für RADIUS soweit nach rechts, bis die Kratzer nicht mehr erkennbar sind.

☑ Ziehen Sie nun den Regler für den SCHWELLENWERT ganz nach rechts und bewegen Sie ihn anschließend so lange langsam nach links, bis der Fehler nicht mehr erkennbar ist.

☑ Wenn Sie mit dem Ergebnis zufrieden sind, klicken Sie auf OK, um die Korrektur abzuschließen.

9.3 Entfernen roter Augen

Wenn Sie selber fotografieren, dann wird es Ihnen auch schon passiert sein. Statt der wunderbaren blauen strahlen Sie rote Augen an. Dieser Effekt tritt dann auf, wenn das Blitzlicht einer Kamera vom Augenhintergrund reflektiert wird.

Solche Aufnahmen müssen Sie in Zukunft jedoch nicht mehr wegwerfen, da sich dieses Problem mit dem Werkzeug ROTE-AUGEN-PINSEL beheben lässt.

Dieses Werkzeug kann aber noch mehr, wie Sie gleich sehen werden. Die Arbeitsschritte zum Entfernen von roten Augen sind dabei die gleichen.

☑ Öffnen Sie zunächst die Datei, die die zu behandelnden Augen hat.

Um die Auswirkungen Ihrer Arbeiten zu sehen, sollten Sie zunächst die Pupille maskieren.

☑ Sinnvollerweise verwenden Sie hier das Werkzeug ZAUBERSTAB und runden abschließend die Auswahlkanten über das Dialogfenster AUSWAHL ABRUNDEN ab, welches Sie über AUSWAHL ◆ AUSWAHL VERÄNDERN erhalten. Empfehlenswert ist hier ein RADIUS von 2px.

☑ Kopieren Sie den Auswahlrahmen in die Zwischenablage (⌘+Ⓒ) und fügen Sie ihn (⌘+Ⓥ) – als neue Ebene – wieder ein.

☑ Blenden Sie die Hintergrundebene auf der EBENEN-Palette aus, sodass Sie nur noch die Pupille sehen.

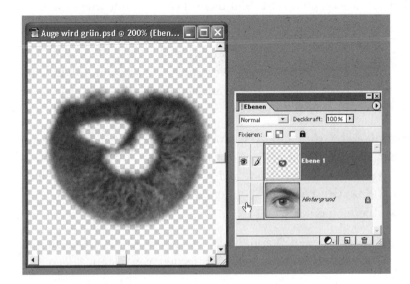

Um dem Auge nun eine andere Farbe zuzuweisen bzw. um rote Augen zu entfernen, gehen Sie wie folgt vor:

☑ Aktivieren Sie den ROTE-AUGEN-PINSEL in der Werkzeugleiste.

☑ Entscheiden Sie sich in der Optionsleiste für eine geeignete Werkzeugspitze.

Im Folgenden müssen Sie die zu entfernende Farbe festlegen. Dazu stehen Ihnen folgende Möglichkeiten zur Auswahl:

☐ ERSTER MAUSKLICK: Wählen Sie im Listenfeld SAMPLING diese Einstellung, wenn Sie die Zielfarbe beim Klicken auf das Bild festlegen möchten.

- ❑ AKTUELLE FARBE: Diese Einstellung wählen Sie dagegen, wenn Sie die Standardzielfarbe verwenden möchten.

Belassen Sie der Einfachheit halber die Entscheidung von *Photoshop Elements*, die Einstellung ERSTER MAUSKLICK.

- ☑ Um nun die Ersatzfarbe auszuwählen, klicken Sie auf das Farbfeld ERSETZT DURCH, und nehmen Sie die Farbe mithilfe des Farbwählers auf, die zum Korrigieren verwendet werden soll.

- ☑ Ziehen Sie anschließend den Zeiger im Bild über die Details, die korrigiert werden sollen. Sämtliche Pixel, die der Zielfarbe entsprechen, erhalten die Ersatzfarbe.

Wenn Sie das Werkzeug ROTE-AUGEN-PINSEL verwenden, hat das Programm bereits für Sie den Wert für TOLERANZ eingestellt. Mit diesem Wert wird angegeben, wie ähnlich der Farbwert eines Pixels sein muss, um ersetzt zu werden.

Dabei gilt der Grundsatz, dass bei einem niedrigen Prozentwert nur benachbarte Pixel gelöscht werden, deren Farbbereichswerte dem Pixel sehr ähnlich sind, auf das geklickt wurde. Bei einem hohen Prozentwert werden benachbarte Pixel in einem größeren Farbwertbereich ersetzt.

Mit dem vorgegebenen Standardwert kommen Sie im Regelfall gut zurecht. Probleme können beim Entfernen von roten Augen bei solchen Personen auftreten, deren Haut von Natur aus sehr rosa ist. In diesem Fall sollten Sie den Toleranzwert verringern.

Blenden Sie abschließend die EBENE 1 wieder ein, um die Veränderungen zu beobachten. Eindrucksvoll nicht? So schnell kann man eine andere Augenfarbe annehmen.

9.4 Erstellen von Panoramabildern

Kennen Sie Panoramabilder? Das sind die Bilder, bei denen man sich fragt, wie man sie wohl so lang bekommen hat. In *Photoshop Elements* können Sie zwei oder mehrere Bilder ohne Probleme zu einem einzigen Bild zusammenfügen. Dazu benötigen Sie weder

Fotohaftstreifen noch Tesafilm. Mit dem Befehl PHOTOMERGE lassen sich mehrere Fotos zu einem fortlaufenden Gesamtbild kombinieren. Sie müssen lediglich in einem Dialogfenster die Bilder auswählen, die Sie zusammenfügen wollen und einander zuordnen.

Bevor Sie loslegen, sollten Sie allerdings noch mindestens folgende Vorgaben beachten, damit ein schönes Panoramafoto entstehen kann:

- ☐ Die Bilder sollten sich im Bildbereich um ca. 30 % - 50 % überlappen.
- ☐ Beim Aufnehmen der Fotos sollte eine einheitliche Brennweite verwendet worden sein.
- ☐ Idealerweise wurden die Bilder mit einem Stativ von einem gleich bleibenden Standort aufgenommen, um eine Neigung der Kamera zu verhindern.

Haben Sie alles beachtet? Dann kann es losgehen.

☑ Wählen Sie DATEI ◆ PHOTOMERGE aus.

Es erscheint das gleichnamige Dialogfenster.

☑ Klicken Sie auf die Schaltfläche HINZUFÜGEN und wählen Sie den Ordner mit den Quelldateien aus.

☑ Wählen Sie die Bilddateien aus, die Sie zusammenfügen wollen und bestätigen Sie mit ÖFFNEN.

Bild 9.8:
Wählen Sie die Bilder
aus, die zu einem
Panorama zusammen-
gefügt werden sollen

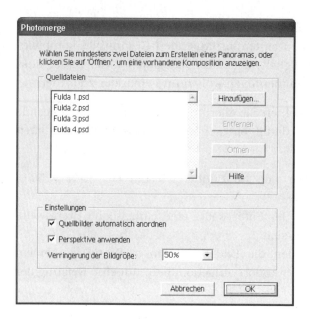

Im Feld VERRINGERUNG DER BILDGRÖße wählen Sie einen Wert für die Größe, mit der die Quelldateien importiert werden sollen. Verwenden Sie einen Reduktionswert von 50%, da anderenfalls der Rechenvorgang sehr lange dauern kann.

Belassen Sie zudem das Kontrollkästchen QUELLBILDER AUTOMATISCH ANORDNEN aktiviert, weil in diesem Fall PHOTOMERGE die Quellbilder eigenständig überblendet.

☑ Starten Sie den Vorgang mit OK.

Die Quellbilder werden automatisch geöffnet und das Dialogfenster PHOTOMERGE wird angezeigt.

Photomerge kann Ihre Bilder nicht zusammensetzen?

Wenn *Photoshop Elements* die Komposition nicht automatisch erstellen kann, wird eine entsprechende Meldung angezeigt. In diesem Fall setzen Sie die Komposition dann manuell zusammen.

Beim Erstellen einer Panoramakomposition werden die einzelnen Bilder aneinander ausgerichtet und zu einem nahtlosen Bild zusammengefügt. Nicht immer lassen sich aber alle Teile genau ausrichten. In diesem Fall müssen Sie die Reihenfolge bzw. die Überlappung manuell wie folgt ändern:

☑ Aktivieren Sie das BILD-AUSWÄHLEN-Werkzeug.

☑ Klicken Sie dann auf ein Bild, um es auszurichten und ziehen Sie es bei gedrückter Maustaste an die gewünschte Stelle.

Verwenden Sie zum Vergrößern oder Verkleinern der Ansicht die Vergrößerungssteuerungen unterhalb der NAVIGATOR-Miniatur.

Bild 9.9:
Die Reihenfolge und Nahtstellen der Bilder lassen sich manuell anpassen

Oberhalb des Montagebereichs befindet sich der so genannte Leuchtkasten, der Ihnen behilflich sein kann, den Überblick zu bewahren.

Um ein Bild aus dem Arbeitsbereich zu entfernen, ziehen Sie es einfach hinein und wenn Sie es wieder benötigen, einfach wieder in den Arbeitsbereich.

Unter Umständen müssen Sie noch Einstellungen an den Optionen ZYLINDRISCHE ZUORDNUNG und/oder ERWEITERTES ÜBERBLENDEN vornehmen. Deren Auswirkungen sind aber nur im Vorschaumodus (Schaltfläche VORSCHAU) bzw. im endgültigen Bild zu sehen.

Deren Aktivierung hat folgende Auswirkung:

☐ ZYLINDRISCHE ZUORDNUNG: reduziert die bogenförmige Verzerrung, die beim Anwenden der Perspektivenkorrektur auftreten kann.
☐ ERWEITERTES ÜBERBLENDEN: minimiert Farbunregelmäßigkeiten, die sich beim Überblenden von Bildern mit unterschiedlicher Belichtung ergeben.

Wenn Sie mit Ihrer Komposition zufrieden sind, können Sie das Panorama erstellen.

☑ Klicken Sie dazu auf OK.

Das endgültige Bild wird in einer neuen *Photoshop*-Datei angezeigt und lässt sich nun wie ein gewöhnliches Bild bearbeiten.

 So werden Sie häufig noch mit dem FREISTELLUNGSWERKZEUG Nacharbeiten vornehmen müssen, um beispielsweise einen gleichmäßigen Rand zu erhalten.

Bild 9.10:
Mit dem FREISTELLUNGS-
WERKZEUG geben Sie
dem Panorama den
letzten Schliff

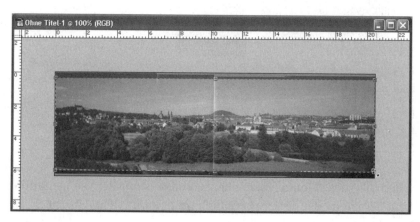

☑ Speichern Sie abschließend wie gewohnt das Panorama ab.

9.5 Bildelemente hinzufügen

Mit *Photoshop Elements* sind Sie in der Lage, in ein vorhandenes Bild recht einfach Bildelemente aus anderen Bildern so einzupassen, dass man schon genau wissen muss, dass es sich hier um eine so genannte Fotomontage handelt.

Im Folgenden soll ein Spielzeugdampfer in eine Fotografie vom Thuner See in der Schweiz so eingebaut werden, als ob der wirklich dort umherfahren würde.

☑ Öffnen Sie zunächst das Bild *Schweiz* auf der CD, in welches das Bildelement gesetzt werden soll, und minimieren Sie es, so dass Sie jederzeit darauf zugreifen können.

☑ Öffnen Sie anschließend das Bild mit dem Spielzeugdampfer.

Zunächst muss das Bild ein wenig beschnitten werden. Da die Schraube vollständig zu sehen ist, würde so nicht der Eindruck entstehen, dass das Schiff im Wasser liegt.

☑ Aktivieren Sie das FREISTELLUNGSWERKZEUG und ziehen Sie einen entsprechenden Rahmen auf.

Dadurch, dass *Photoshop Elements* die außerhalb des Rahmens liegenden Bereiche einfärbt, können Sie hier schön die Wasseroberfläche simulieren.

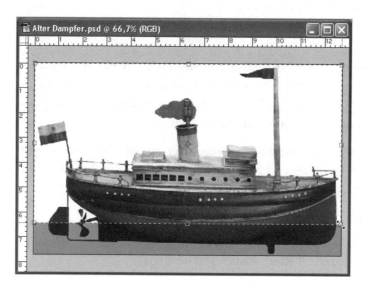

Alter Dampfer.psd @ 66,7% (RGB)

☑ Sind Sie mit dem Ergebnis zufrieden, klicken Sie mit dem FREISTELLUNGSWERKZEUG doppelt innerhalb des Rahmens.

Damit der Dampfer in das andere Bild montiert werden kann, muss er als Nächstes freigestellt werden, denn der Hintergrund darf nicht sichtbar sein. Diesen Vorgang haben Sie bereits kennen gelernt.

Wegen des durchgängig weißen Hintergrundes bietet sich hier das Werkzeug ZAUBERSTAB an.

☑ Klicken Sie das Symbol dieses Werkzeugs an und führen Sie es auf den weißen Hintergrund.

☑ Klicken Sie darauf, um ihn auszuwählen.

Im Bereich der Schiffsschraube sowie der Reling bleiben allerdings noch kleine Rest frei, da diese nicht mit der restlichen Fläche zusammenhängen. Diese müssen Sie nachmaskieren. Das geht echt einfach:

☑ Achten Sie darauf, dass die Schaltfläche DER AUSWAHL HINZUFÜGEN in der Optionsleiste aktiviert ist und klicken Sie dann in diese Bereiche.

Vielleicht haben Sie sich schon gewundert, denn mit den eben gezeigten Schritten haben Sie den Hintergrund freigestellt. Sie möchten aber das Schiff aus dem Bild entfernen und deshalb müsste es doch maskiert sein.

Da haben Sie völlig Recht. Doch wäre es viel zu mühsam, das Schiff zu maskieren, da es wesentlich mehr unterschiedliche Bildpunkte enthält. Doch keine Sorge, im Folgenden kehren wir den Auswahlvorgang einfach um.

☑ Rufen Sie in der Menüleiste AUSWAHL auf und wählen Sie dort den Menüpunkt AUSWAHL UMKEHREN an.

Nun können Sie den Dampfer mühelos in die Zwischenablage kopieren.

☑ Drücken Sie [Strg]+[C] bzw. klicken Sie auf die Schaltfläche KOPIEREN in der Symbolleiste.

☑ Wechseln Sie in das Fenster, in welches Sie den Dampfer einfügen wollen.

☑ Fügen Sie nun den Inhalt der Zwischenablage ein. Klicken Sie dazu auf das Symbol EINFÜGEN in der Symbolleiste oder drücken Sie [Strg]+[V].

Wenn – wie hier – die Proportionen noch nicht stimmen, können Sie das leicht ändern.

☑ Klicken Sie auf das VERSCHIEBEN-Werkzeug. Der eingefügte Dampfer wird daraufhin von einem Rahmen mit Anfassgriffen umgeben.

☑ Zeigen Sie dann auf einen der Eckanfassgriffe und ziehen Sie das eingefügte Objekt so lange diagonal nach innen, bis Ihnen die Größe zusagt.

Bild 9.13:
Der montierte Dampfer kann auf große Fahrt gehen

Na, das sieht doch schon recht beeindruckend aus. Finden Sie nicht auch?

Okay, eine Kleinigkeit stört noch. Bei genauer Betrachtung fällt der glatte Schnitt am Rumpf des Schiffes auf. Das soll im Folgenden noch geändert werden.

Dieses kleine Manko werden wir mit dem WISCHFINGER beheben. Dieses Werkzeug simuliert den Effekt, der entsteht, wenn ein Finger durch nasse Farbe gezogen wird. Dabei nimmt es Farben an der Stelle auf, an der Sie zu ziehen beginnen und verschiebt sie in die Zugrichtung. Es ist somit genau das richtige Werkzeug, um die Wellen auf dem Schiffsrumpf zu erzeugen.

☑ Klicken Sie in der Werkzeugleiste auf das Symbol, um es zu aktivieren.

☑ Wählen Sie in der Optionsleiste aus dem Feld PINSEL eine Werkzeugspitze aus.

Um ein möglichst natürliches Aussehen zu erhalten, wählen Sie am besten eine der NATÜRLICHEN SPITZEN aus. Sie erhalten diese, wenn Sie auf den kleinen runden Pfeil auf der rechten Seite des Dialogfensters PINSEL klicken.

Suchen Sie anschließend eine nicht zu große Spitze aus, damit ein möglichst natürlicher Eindruck entstehen kann.

☑ Achten Sie als Nächstes darauf, dass die Option FINGERFARBE deaktiviert ist. In diesem Fall verwendet der Wischfinger jeweils die Farbe direkt unter dem Zeiger, ansonsten wird bei jedem Ansetzen des Werkzeugs mit der Vordergrundfarbe verwischt.

☑ Setzen Sie nun den Cursor unterhalb des Rumpfes an, klicken Sie mit der Maustaste und halten Sie sie gedrückt.

☑ Führen Sie nun kleine kreisförmige Bewegungen in den Rumpf hinein, um so die Wellen zu simulieren.

Achten Sie darauf, dass Sie stets vom Wasser her beginnen. Wenn Sie die gesamte Rumpflinie bearbeitet haben, sollten Sie das Werk abspeichern und es sich einmal in voller Größe betrachten.

Wenn – wie in dem eben gezeigten Beispielsfall – die Fläche recht dunkel und klein ist, ist das Arbeiten nicht sehr komfortabel. In diesem Fall sollten Sie wieder die Ebenenfunktion nutzen.

☑ Falls die EBENEN-Palette sich nicht auf der Arbeitsfläche befindet, ziehen Sie sie aus dem Ebenenraum heraus.

☑ Klicken Sie anschießend auf das Augensymbol der Ebene HINTERGRUND, um diese auszublenden.

Nun können Sie Ihre Arbeiten wie eben gezeigt vornehmen und überprüfen, wie weit die Wellen in den Schiffsrumpf hereinragen.

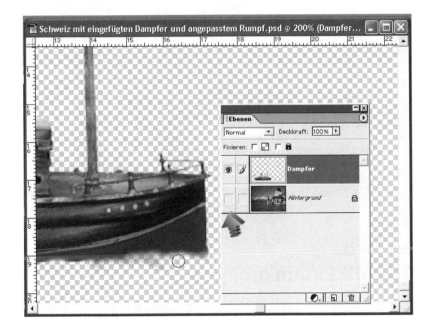

Ebenen benennen

Wenn Sie sich obige Abbildung näher betrachten, wird Ihnen auffallen, dass die Ebene *Dampfer* auf Ihrem Bildschirm den Namen *Ebene1* trägt. Wenn Sie in der Ebenen-Palette einen Doppelklick auf die Ebene ausführen, können Sie diese in dem erscheinenden Dialogfenster mit einem aussagekräftigeren Namen versehen.

10 Filter

Zur Veränderung von Bildern werden die so genannten Filter eingesetzt.

In diesem Kapitel werden Sie lernen,
- wie man mit Filtern arbeitet,
- wie Sie effizient mit Ebenen arbeiten können,
- wie Sie konstruktive Filter für die Bildverbesserung einsetzen können und
- wie Sie mithilfe von destruktiven Filtern fantastische Bilder schaffen können.

10.1 Mit Filtern arbeiten

Wenn Sie bei Filter an Kaffee denken, liegen Sie nicht ganz daneben. Diese halten bestimmte Elemente zurück und lassen dagegen andere durch. Ein Filter in *Photoshop Elements* arbeitet ähnlich. Sie heben bestimmte Eigenschaften in einem Bild hervor bzw. filtern sie heraus. Daneben können Sie Spezialeffekte auf Bilder anwenden, wie etwa Beleuchtungseffekte und Verzerrungen.

10.1.1 Besonderheiten

Die in *Photoshop Elements* vorhandenen Filter werden in der FILTER-Palette und im Menü FILTER angezeigt. Bevor Sie mit Filtern arbeiten, sollten Sie sich mit den folgenden Besonderheiten vertraut machen:

- Die Filter werden auf die aktive, sichtbare Ebene angewendet.
- Filter können nicht auf Bitmaps oder indizierte Farbbilder angewendet werden.
- Der zuletzt angewendete Filter wird stets oben im Menü FILTER angezeigt. So können Sie schnell auf einen Filter zugreifen, den Sie häufiger verwenden wollen.

10.1.2 Weiterführendes Arbeiten mit Ebenen

Das grundlegende Arbeiten mit Ebenen haben Sie bereits in Kapitel 8, »Auswahlverfahren«, kennen gelernt. Daher wissen Sie, dass sich einzelne Bildelemente wesentlich besser bearbeiten lassen, wenn sie auf mehrere Ebenen aufgeteilt sind.

So ist es sinnvoll, beim Arbeiten mit Filtern Ebenen einzusetzen. Diese werden nämlich auf die aktive, sichtbare Ebene angewendet und führen dementsprechend zu Veränderungen. Möchten Sie diese später rückgängig machen, ist es vorteilhaft, wenn Sie mit Ebenen gearbeitet haben, denn dann können Sie zum einen in Ruhe den Effekt betrachten und zum anderen die Ebene nebst Filter im Extremfall löschen.

Ebene erzeugen

Wie man eine neue Ebene erzeugt, haben Sie bereits kennen gelernt.

☑ Laden Sie zunächst die Datei, die Sie mit einer Ebene versehen wollen und ziehen Sie dann – bei Bedarf – die EBENEN-Palette aus dem Palettenraum.

Eine Ebene kann auf dreierlei Weise anlegt werden:

☐ Sie klicken auf das Symbol NEUE EBENE ERSTELLEN am unteren Rand der EBENEN-Palette oder wählen EBENE ✦ EBENE NEU ✦ EBENE.
☐ *Photoshop Elements* fügt automatisch eine neue Ebene ein, beispielsweise wenn Sie eine Auswahl aus einem Bild in ein anderes verschieben.
☐ Sie markieren die aktuelle Hintergrundebene, kopieren Sie in die Zwischenablage und fügen sie wieder ein oder wählen EBENE ✦ EBENE NEU ✦ EBENE DURCH KOPIE. *Photoshop Elements* fügt den Inhalt der Zwischenablage dann auf eine neue Ebene ein.

Die im letzten Punkt vorgestellte Vorgehensweise sollten Sie beim Arbeiten mit Ebenen einsetzen, denn so können Sie problemlos experimentieren.

Ebenen neu anordnen

Die Reihenfolge der verschiedenen Ebenen bestimmt, was darin als Vorder- und was als Hintergrund angezeigt wird. Diese Auswahl können Sie wie folgt verändern.

☑ Erzeugen Sie eine weitere – leere – Ebene, indem Sie auf das Symbol NEUE EBENE ERSTELLEN klicken.

In der EBENEN-Palette sind die einzelnen Ebenen aufgelistet.

☑ Klicken Sie auf die Ebene, die Sie verschieben wollen und halten die Maustaste gedrückt. Die Ebene wird nun markiert dargestellt.

Bild 10.1:
Die Reihenfolge von Ebenen können Sie problemlos umstellen

☑ Ziehen Sie anschließend die Ebene über oder unter die Ebene an die Stelle, an der Sie diese platzieren wollen.

Während des Vorgangs wird Ihnen die Ebene mit ihren Umrissen angezeigt.

☑ Wenn Sie die Maustaste an der gewünschten Stelle loslassen, wird die Ebene dort eingefügt und erscheint in der Palette.

Ebenen reduzieren

So vorteilhaft auf der einen Seite das Arbeiten mit Ebenen ist, so steht dem gegenüber aber ein kleiner Nachteil. Ein Bild mit mehreren Ebenen benötigt mehr Speicherplatz. Sind alle Arbeiten an einem Bild abgeschlossen, ist es ratsam, die einzelnen Ebenen auf eine einzige zu reduzieren.

☑ Klicken Sie in der EBENEN-Palette auf den kleinen nach rechts weisenden Pfeil, der das EBENEN-Menü öffnet.

In dem aufklappenden Menü finden Sie die folgenden drei Einträge:

☐ MIT DARUNTERLIEGENDER AUF EINE EBENE REDUZIEREN: Diesen Eintrag wählen Sie, wenn Sie eine Ebene mit der direkt darunter liegenden vereinigen wollen.

☐ SICHTBARE AUF EINE EBENE REDUZIEREN: Möchten Sie alle sichtbaren Ebenen auf eine einzige Ebene reduzieren, dann ist dieser Eintrag die richtige Wahl.

☐ AUF HINTERGRUNDEBENE REDUZIEREN: Sollen alle sichtbaren Ebenen auf eine reduziert und alle unsichtbaren Ebenen gelöscht werden, entscheiden Sie sich für diesen Eintrag.

Bild 10.2:
Nach Abschluss aller Arbeiten sollten Sie so Speicherplatz sparen

10.1.3 Filter aufrufen

Die Filter können Sie über das Menü zu FILTER aufrufen. Wenn Sie darauf klicken, klappt eine recht ordentliche Liste mit verschiedenen Filternamen heraus.

Bild 10.3:
Photoshop Elements
verfügt über eine Reihe
von Filtern für recht un-
terschiedliche Zwecke

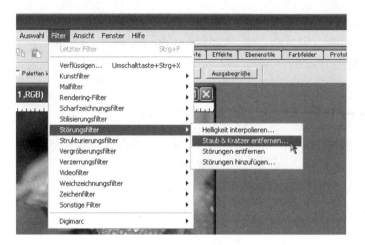

Hinter diesen erkennen Sie jeweils einen kleinen schwarzen Pfeil.
Wenn Sie darauf klicken, wird Ihnen eine weitere Liste angezeigt.
Diese enthält durchwegs Filter mit ähnlicher Wirkung, die unter
einem Sammelbegriff zusammengefasst sind.

Wenn Sie diese Menüpunkte einmal durchgehen, bekommen Sie
eine Vorstellung davon, wie viele Filter Ihnen zur Auswahl stehen.
Doch keine Sorge. Sie bekommen darüber schon einen Überblick.
Photoshop Elements bietet Ihnen nämlich alle Filter übersichtlich
in der so genannten FILTER-Palette an. Hier bekommen Sie alle
Filtereffekte visuell angezeigt und können so bequem auswählen.

☑ Zeigen Sie in dem Ebenenraum auf das Register FILTER und
ziehen sie diesen bei gedrückter Maustaste in den Arbeitsraum.

In dieser Palette können Sie einstellen, welche Filter angezeigt werden. Standardmäßig sind es alle.

☑ Um diese Ansicht zu ändern, klicken Sie dazu im oberen Bereich der Palette auf dem Listenfeld den gewünschten Filtertyp an.

Über die beiden Schaltflächen am unteren Palettenrand können Sie die Ansicht verändern.

☐ Die standardmäßige Einstellung zeigt Ihnen die so genannte MINIATURANSICHT. Diese Ansicht erhalten Sie, wenn Sie auf die rechte Schaltfläche klicken.

☐ Wenn Sie dagegen auf die linke Schaltfläche klicken, werden Ihnen die Filter in der LISTENANSICHT angezeigt. In diesem Fall werden Ihnen nur die Namen der Filter angezeigt. Klicken Sie allerdings auf einen Filternamen, wird auf der linken Seite der Palette eine Miniatur des Filtereffekts angezeigt. Auf diese Weise können Sie sehr schnell einen Überblick über die Auswirkungen Ihrer Wahl erkennen.

Bild 10.5:
Mithilfe der Listenan-
sicht können Sie sehr
schnell die Auswirkun-
gen des Filters erken-
nen

Bild 10.5:
Mithilfe der Listenan-
sicht können Sie sehr
schnell die Auswirkun-
gen des Filters erken-
nen

Die Filter werden grundsätzlich in zwei Klassen unterteilt:

☐ Korrektive Filter: Dabei handelt es sich um solche Filter, die die Bildqualität verbessern oder Bildmängel beseitigen können.

☐ Destruktive Filter: Das sind solche, die ausschließlich dafür gedacht sind, einen speziellen Effekt hervorzurufen.

10.2 Konstruktive Filter

Konstruktive Filter haben Sie bereits in Kapitel 6, »Bilder verbessern«, kennen gelernt, als Sie die Bildqualität eines Fotos verbessert haben. Im Folgenden werden Sie die zwei wichtigsten Filterarten kennen lernen: SCHARFZEICHNUNGS- und WEICHZEICHNUNGSFILTER. Wie Sie sehen werden, haben diese Filter zumeist ein Gegenstück, mit dem Sie allerdings nicht den Urzustand wieder herstellen können.

Die Anwendung von Filtern will gut überlegt sein

Wenn Sie etwa einen Scharfzeichnungsfilter anwenden, so sollten Sie bedenken, dass Sie mithilfe eines Weichzeichnungsfilters nicht wieder den Ausgangszustand herstellen.

10.2.1   Scharfzeichnen

Die Filter der Kategorie SCHARFZEICHNEN zeichnen verschwommene Bilder scharf, indem sie den Kontrast der benachbarten Pixel erhöhen.

☑ Nachdem Sie das Bild geladen haben, sollten Sie zunächst nach dem Aufruf der Menüfolge AUSWAHL ♦ ALLES MARKIEREN eine Ebene für das Zuweisen des Filters anlegen.

☑ Lassen Sie sich dann in der FILTER-Palette die Kategorie SCHARFZEICHNEN anzeigen.

Bild 10.6:
Bringen Sie Details stärker heraus mit den SCHARFZEICHNEN-Filtern

☑ Wählen Sie einen der vier möglichen Filter durch Anklicken aus.

Mit diesen hat es folgende Bewandtnis:

☐ SCHARFZEICHNEN/STARK SCHARFZEICHNEN: Diese Filter verbessern die Bildqualität, indem Sie das Bild schärfer und damit klarer einstellen.

☐ KONTUREN SCHARFZEICHNEN/UNSCHARF MASKIEREN: Bei diesen Filtern werden die Bereiche im Bild ermittelt, die deutliche Farbveränderungen aufweisen. Bei Anwendung des ersten Filters werden lediglich die Kanten scharfgezeichnet, eventuelle Unschärfen im Bild bleiben erhalten. Um eine umfassende Farbkorrektur zu erzielen, verwenden Sie den zweiten Filter. Dieser korrigiert den Kontrast an Kanten und erzeugt eine hellere und eine dunklere Linie auf beiden Seiten der Kante, wodurch diese hervorgehoben wird und das Bild insgesamt schärfer erscheint. Diesen Filter haben Sie bereits in Kapitel 6, »Bilder verbessern«, kennen gelernt.

☑ Klicken Sie auf die Schaltfläche ZUWEISEN.

Je nach Filter wird er entweder gleich ausgeführt und Sie können das Ergebnis im Bild betrachten oder es erscheint ein weiteres Dialogfenster, in welchem Sie Filter-spezifische Einstellungen vornehmen können.

☑ In diesen Fällen müssen Sie hier noch OK klicken, um den Filter anzuwenden.

10.2.2 Weichzeichnen

Bei den so genannten Weichzeichnern wird der Kontrast zwischen benachbarten Bildpunkten verringert. Auf diese Weite wird eine Auswahl oder ein Bild weicher, was besonders nützlich beim Retuschieren ist. Die Anwendung dieser Filter führt zu feineren Übergängen, da sie Durchschnittswerte der Pixel verwenden, die sich neben harten Kanten von Linien und Schatten mit deutlichen Farbübergängen befinden.

Auch hier stellt Ihnen *Photoshop Elements* eine Reihe von Filtern zur Auswahl, die Sie betrachten können, wenn Sie die Kategorie WEICHZEICHNER im Listenfeld der FILTER-Palette einstellen.

Bild 10.7:
Mit diesen Filtern erzielen Sie weichere Bilder

10.2.3 Bewegungsunschärfe

Dieser Filter ist die richtige Wahl, wenn Sie ein Bild so bearbeiten wollen, als ob die Kamera oder das Motiv während der Aufnahme in Bewegung waren.

☑ Klicken Sie doppelt auf den Eintrag, um ihn auszuwählen.

Es erscheint das Dialogfenster Bewegungsunschärfe.

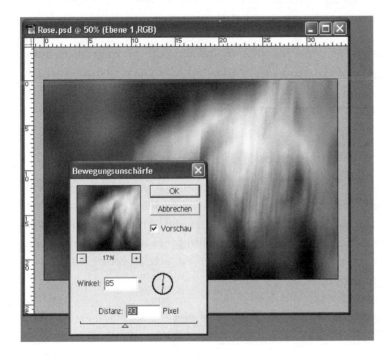

Bild 10.8:
Bringen Sie Dynamik in die Bilder mit dem Bewegungsunschärfe-Filter

Dieses Dialogfenster ist wie die meisten Filter-Dialogfenster gestaltet, in denen Sie Eingaben tätigen können.

☑ Achten Sie zunächst darauf, dass das Kontrollkästchen Vorschau aktiviert ist, so dass Sie gleich die Auswirkungen Ihrer Einstellungen erkennen können. Mithilfe der Minus- bzw. Plusschaltfläche am unteren Rand des Vorschaufensters können Sie den Ausschnitt zoomen. Möchten Sie ihn bewegen, so führen Sie den Mauszeiger auf den angezeigten Bildausschnitt, woraufhin sich der Zeiger in ein Handsymbol verwandelt. Bei gedrückter Maustaste können Sie nun den Ausschnitt verschieben.

☑ In dem Eingabefeld neben der Bezeichnung WINKEL können Sie anschließend bestimmen, in welchem Winkel der Effekt angewendet werden soll. Tragen Sie hier einfach den gewünschten Wert ein und bestätigen Sie mit OK. Intuitiver lässt sich der Winkel aber mit dem Radiussymbol einstellen. Klicken Sie einfach auf das Symbol und verschieben Sie es bei gedrückter Maustaste in die gewünschte Richtung.

☑ Möchten Sie den Eindruck verstärken oder verringern, nehmen Sie diese Einstellung über den Schieberegler DISTANZ vor. Klicken Sie dazu auf den Regler und ziehen Sie ihn bei gedrückter Maustaste in die entsprechende Richtung.

Gaußscher Weichzeichner

Der GAUßSCHE WEICHZEICHNER zeichnet eine Auswahl um einen einstellbaren Wert weich. Dabei werden die Änderungen anhand einer glockenförmigen Kurve durchgeführt, die entsteht, wenn *Photoshop Elements* einen gewichteten Mittelwert auf die Pixel anwendet. Auf diese Weise können Sie einen schön verschwommenen Effekt produzieren.

Bild 10.9:
Dieser Filter sorgt
für harmonischere
Übergänge und rettet
manchen Scan

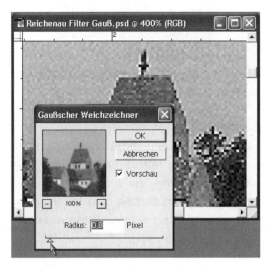

Mit diesem Filter können Sie beispielsweise den gefürchteten Treppcheneffekt mindern, der entsteht, wenn ein Bild zu grob aufgelöst wurde. Sie kennen sicherlich den Effekt, wenn Sie sich ein Bild einmal unter einem hohen Zoomfaktor anschauen. Die dabei auftretenden unschönen Kästchen lassen sich mithilfe dieses Filters verringern und es kann dem Bild dadurch zu einem harmonischen Aussehen verholfen werden.

Radikaler Weichzeichner

Noch mehr Bewegung können Sie über den RADIKALEN WEICHZEICHNER in ein Bild bringen. Dieser Filter simuliert die Unschärfe einer zoomenden oder sich drehenden Kamera.

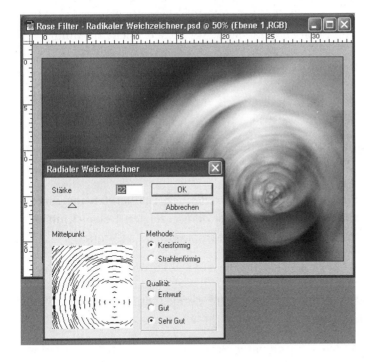

Bild 10.10:
Simulieren Sie eine zoomende oder sich drehende Kamera (Effekt wurde im Hintergrund schon angewendet!)

☑ Aktivieren Sie das Dialogfenster des Filters mit einem Doppelklick auf die Bezeichnung in der FILTER-Palette.

Legen Sie als Nächstes den Mittelpunkt fest, um den sich alles drehen soll.

☑ Klicken Sie dazu in das Vorschaufenster und ziehen Sie den Mittelpunkt an die gewünschte Stelle.

☑ Legen Sie fest, ob Sie die Methode KREISFÖRMIG oder STRAHLENFÖRMIG wünschen.

Die erste Methode wendet das Weichzeichnen entlang konzentrischer Linien an, während die zweite entlang strahlenförmiger Linien weichzeichnet.

☑ Über den Regler STÄRKE stellen Sie die Zahl der Bildpunkte ein, die weichgezeichnet werden sollen.

☑ Legen Sie abschließend noch eine der drei möglichen Qualitätsstufen über die Optionsschaltflächen fest. Bedenken Sie dabei allerdings, dass mit zunehmender Qualität die Zeit für das Umrechnen von *Photoshop Elements* für diesen Effekt zunimmt.

☑ Um den Filter anzuwenden, klicken Sie abschließend auf OK.

Selektiver Weichzeichner

Wenn Sie nur bestimmte Teile eines Bildes weichzeichnen wollen, dann ist der Filter SELEKTIVER WEICHZEICHNER die richtige Wahl.

 ☑ Wählen Sie als Erstes den betreffenden Bildbereich mit einem der Auswahlwerkzeuge aus. Bei dem gezeigten Beispiel mit der Rose bietet sich das Werkzeug MAGNETISCHES LASSO an.

Jetzt können Sie den Filter auf die Auswahl anwenden.

☑ Klicken Sie in der FILTER-Palette doppelt auf den Eintrag, um ihn auszuwählen.

Es erscheint das Dialogfenster SELEKTIVER WEICHZEICHNER, in dem Sie nun die folgenden Einstellungen vornehmen können:

☐ Mit dem Regler RADIUS geben Sie den Umfang des Bereichs an, innerhalb dessen der Filter nach unähnlichen Pixeln sucht.

☐ Mit den Einstellungen bei SCHWELLENWERT legen Sie fest, wie weit die Pixel voreinander verschieden sein müssen, damit der Filter darauf angewendet wird.

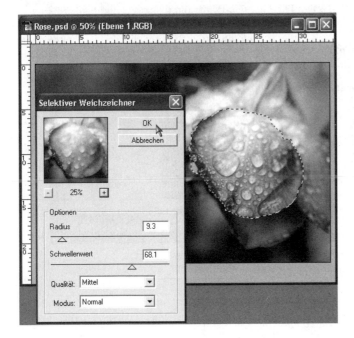

Bild 10.11:
Hier kommt der selektive Weichzeichner zum Einsatz

☐ Ferner können Sie noch eine Qualitätsstufe einstellen.

☐ Abschließend legen Sie den MODUS fest. So können Sie bestimmen, ob der Modus für die gesamte Auswahl (dann FLÄCHEN) gelten soll oder nur für die Kanten der Farbübergänge (dann NUR KANTEN bzw. INEINANDERKOPIEREN).

Sind alle Einstellungen getroffen, bestätigen Sie Ihre Wahl mit OK und schauen sich das Ergebnis einmal näher an. Nur auf den maskierten Bereich wurde der Filter angewendet. Die restlichen Bildbereiche blieben von den Änderungen ausgenommen.

Stark weichzeichnen/weichzeichnen

Diese beiden Filter arbeiten im Prinzip wie die eben vorgestellten. Der Unterschied besteht darin, dass Sie gezielt Störungen an den Stellen beseitigen, an denen im Bild deutliche Farbübergänge auftreten. Dabei werden die Übergänge geglättet, indem bei den Pixeln, bei denen sich harte Kanten mit deutlichen Farbübergängen befinden, neue Pixel mit entsprechenden Durchschnittswerten berechnet werden.

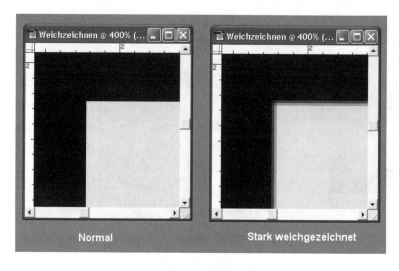

10.3 Destruktive Filter

Während die eben gezeigten Filter im Regelfall dazu dienen, Bildprobleme zu beseitigen, sind die folgenden Filter eher dazu gedacht, Spezialeffekte zu erzielen. So werden hier keine Pixelfehler korrigiert, sondern bei Anwendung der Filter die Bildpunkte sehr stark verändert. Doch schauen Sie selbst.

10.3.1 Kunstfilter

Mithilfe der Kunstfilter können Sie natürliche oder traditionelle Medieneffekte simulieren und so recht ansprechende Effekte erzielen.

☑ Lassen Sie sich zunächst diese Filter in der FILTER-Palette anzeigen. Wählen Sie den Eintrag KUNSTFILTER im Listenfeld der Palette aus.

Wenn Sie schon immer einmal einem großen Maler nacheifern wollten, aber leider Ihre künstlerischen Fähigkeiten nicht ganz so ausreichend waren, dann können Sie das mit *Photoshop Elements* jetzt ändern.

☑ Klicken Sie in der Filterliste auf AQUARELL.

Dieser Filter verändert das Bild so, als sei es mit Wasserfarben gemalt worden. Das Bild erscheint so, als ob es mithilfe eines mittelgroßen, mit Wasser und Farbe getränkten Pinsels gemalt wurde.

Wie bereits gewohnt erscheint zunächst ein Einstellungsfenster, in dem Sie den Filter näher definieren können.

Bild 10.13:
So schnell können Sie ein Gemälde erstellen

Hier stellen Sie ein, wie stark die Bildveränderung ausfallen soll.

☐ Für die Veränderungen können Sie einen Wert von 1 bis 14 im Feld DETAILS eingeben oder diesen mit dem Regler einstellen. Dabei gilt der Grundsatz, dass je kleiner dabei der Wert ist, umso stärker werden die Einzelheiten des Bildes verfremdet.

☐ Um den ABDUNKLUNGSBEREICH einzugeben, gehen Sie genauso vor. Je höher Sie dabei einen der möglichen zehn Werte einstellen, desto dunkler wird das Ergebnis.

Mit OK übernehmen Sie die Einstellungen und können im Anschluss Ihr Meisterwerk begutachten.

Alle Filter in vollem Umfang an dieser Stelle vorzustellen, würde den Umfang des Buches sprengen. Da die Arbeitsweise aller Filter im Wesentlichen identisch ist, finden Sie im Folgenden eine Aufstellung der Filter mit einem entsprechenden Hinweis zu ihrem Einsatzort. Die „gefilterten" Bilder finden Sie auf der CD im Ordner *Kap10*.

☐ BUNTSTIFTSCHRAFFUR: Dieser Filter wandelt das Foto so um, dass es aussieht, als wäre es mit Buntstiften gezeichnet worden. Dabei bleiben wichtige Kanten erhalten und bekommen eine raue Kreuzschraffur.

☐ DIAGONAL VERWISCHEN: Wandelt das Bild in ein solches aus weichen diagonalen Strichen um. Dabei werden die dunkleren Bereiche des Bildes verwischt oder verschmiert und hellere Bereiche aufgehellt und detailärmer dargestellt.

☐ FARBPAPIER-COLLAGE: Bei diesem Filter sieht das Bild so aus, als wäre es aus unregelmäßig ausgeschnittenen Buntpapierstreifen zusammengestellt worden.

☐ FRESKO: Das Foto wirkt nach Anwendung des Filters, als wäre es auf frischem Kalkmörtel gemalt. Dieser Filter wirkt durch seinen groben Stil, der kurze, runde und eilig aufgetragene Farbtupfer verwendet.

☐ GROBE MALEREI: Hier werden die Farben zusammengefasst, wodurch das Bild sehr einfach wirkt.

☐ GROBES PASTELL: Das Bild wird mit Pastellkreide gezeichnet und man erkennt sehr gut die grobe Hintergrundstruktur. In Bereichen mit heller Farbe wirkt dabei die Kreide dick und strukturarm, während sie in hellen Bereichen abgekratzt wirkt und den Blick auf die Struktur freigibt.

- KUNSTSTOFFVERPACKUNG: Wenn Sie diesen Filter angewendet haben, sieht das Bild aus, als wäre es mit einer glänzenden Kunststofffolie überzogen worden.

- KÖRNUNG & AUFHELLUNG: Hierbei wird das Bild mit einer Körnung aus einem gleichmäßigen Muster überzogen, welches auf die Tiefen und Mitteltöne eines Bildes angewendet wird.

- MALGRUND: Bei diesem Filter können Sie den Malgrund bestimmen. So legen Sie beispielsweise fest, ob es wie auf Leinwand oder Ziegelsteine gemalt aussehen soll.

- MALMESSER: Bei einem mit einem Malmesser erstellten Bild wird die Farbe mit einem Messer aufgetragen. Dieser Filter simuliert diesen Effekt.

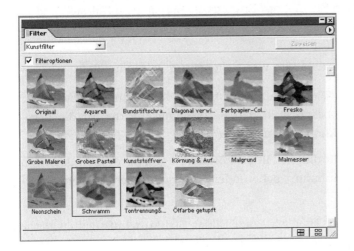

Bild 10.14:
Bieten vielfältige Gestaltungsmöglichkeiten: die Kunstfilter

- NEONSCHEIN: Hier erstrahlt das Bild in hellem Neonschein.

- SCHWAMM: Das Bild sieht aus, als wäre es mit einem Schwamm betupft worden, wodurch stark strukturierte Bereiche aus kontrastreicher Farbe entstehen.

- TONTRENNUNG & KANTENBETONUNG: Das Ergebnis dieses Filters heißt weniger Farben, da er die Farbanzahl in einem Bild (Tontrennung) entsprechend der von Ihnen eingestellten Option vornimmt.

- ÖLFARBE GETUPFT: Das Bild sieht danach aus, als sei es in Öl getupft worden.

10.3.2 Weitere Filter

Über die große Anzahl an Kunstfiltern hinaus, die Sie sicherlich im Alltag am meisten einsetzen werden, bietet *Photoshop Elements* eine Reihe von weiteren Filtern an.

Gehen Sie auf Entdeckungsreise!

Um Ihnen alle diese Filter vorzustellen, könnte man alle Seiten dieses Buches allein damit mühelos füllen. Da die Arbeitsweise der Filter im Regelfall identisch ist, finden Sie an dieser Stelle nur eine entsprechende Aufstellung. Nehmen Sie sich doch ein bisschen Zeit und gehen Sie mal auf Entdeckungsreise. Es lohnt sich!

Es handelt sich dabei im Wesentlichen um folgende Filter:

☐ VIDEOFILTER: Dieser glättet auf Video aufgenommene bewegliche Bilder bzw. beschränkt den Farbumfang auf die für die Fernsehreproduktion geeigneten Farben.

☐ STRUKTUR: Mit diesen Filtern können Sie Bildern die Illusion von Tiefe oder Substanz geben oder ein organisches Aussehen hervorrufen.

☐ ZEICHENFILTER: Hier wird den Bilder Struktur hinzugefügt sowie ein handgezeichnetes Aussehen verliehen.

☐ RENDERN: Mit diesen Filtern können Sie beispielsweise hervorragende Beleuchtungseffekte in Ihre Bilder einbauen.

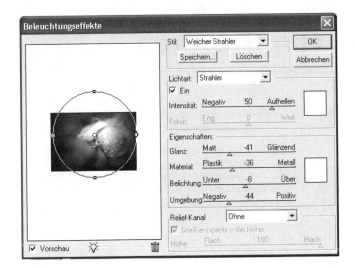

Beleuchtungseffekte

Stil: Weicher Strahler
Speichern... | Löschen
OK | Abbrechen

Lichtart: Strahler
☑ Ein
Intensität: Negativ 50 Aufhellen
Fokus: Eng 0 Weit

Eigenschaften:
Glanz: Matt -41 Glänzend
Material: Plastik -36 Metall
Belichtung: Unter -8 Über
Umgebung: Negativ -44 Positiv

Relief-Kanal Ohne
☑ Weiß entspricht voller Höhe
Höhe: Flach 100 Hoch

☑ Vorschau

Bild 10.15:
Die Beleuchtungs-
effekte finden Sie bei
den RENDERN-Filtern

☐ VERZERREN: Diese Filter verzerren ein Bild geometrisch oder erzeugen 3D- und andere plastische Effekte. Nachteilig ist aber,
dass diese Filter zu sehr speicherintensiven Dateien führen.

☐ MALFILTER: Wenn Sie Bilder erzeugen wollen, die wie mit der
Hand gemalt oder gezeichnet aussehen, dann finden Sie hier
bestimmt den richtigen Filter.

☐ VERGRÖBERUNGSFILTER: Diese Filter bringen die Aussage eines
Bildes sozusagen auf den Punkt, indem sie scharfe Abgrenzun-
gen einer Auswahl dadurch erzeugen, dass sie Pixel mit ähnlichen Farbwerten zu Zellen zusammenfassen.

☐ STILISIERUNGSFILTER: Wie der Name schon sagt, erstellen diese
Filter einen handgemalten oder impressionistischen Effekt auf
einer Auswahl, indem sie Pixel versetzen und die Kontraste innerhalb des Bildes suchen und vergrößern.

11 Erstellen von Grafiken

Mit *Photoshop Elements* können Sie nicht nur Bilder bearbeiten, sondern auch Grafiken erstellen bzw. diese in Ihre Fotos einfügen.

Dieses Kapitel zeigt Ihnen,
- was es mit dem Malen und Zeichnen in *Photoshop Elements* auf sich hat und
- wo die Unterschiede liegen sowie
- wie Sie Farben am besten einsetzen.

11.1 Malen oder Zeichnen?

Beim Erstellen von Grafiken müssen Sie zunächst zwischen Malen und Zeichnen unterscheiden.

- Beim **Malen** ändern Sie die Farben einzelner Bildpunkte mithilfe diverser Malwerkzeuge. Dabei arbeiten Sie auf der momentan ausgewählten Ebene. Das heißt, nach dem Abspeichern können Sie Änderungen nicht mehr rückgängig machen, es sei denn, Sie haben diese auf einem ausgewählten Bereich vorgenommen, der sich auf einer eigenen Ebene befindet.

- Beim **Zeichnen** werden dagegen Formen als geometrische Figuren erstellt, die Sie beispielsweise in einem Bild platzieren können. Beim Verwenden eines Zeichenwerkzeugs wird automatisch eine neue Ebene erstellt. Änderungen können Sie somit problemlos jederzeit rückgängig machen.

11.2 Malen

Photoshop Elements stellt Ihnen zum Malen in einem Bild folgende Werkzeuge zur Auswahl:

- PINSEL,
- BUNTSTIFT und
- AIRBRUSH.

Jedes dieser Werkzeuge erzeugt einen eigenen Effekt. Um diesen zu sehen, müssen Sie zunächst natürlich wieder eine Datei erstellen.

☑ Rufen Sie DATEI ♦ NEU auf.

☑ Nehmen Sie in dem erscheinenden Dialogfenster die benötigten Einstellungen vor. Im Rahmen INHALT wählen Sie die Option WEIß.

11.2.1   Arbeiten mit dem Pinsel

Das PINSEL-Werkzeug erzeugt weiche Farbstriche.

☑ Legen Sie als Erstes eine Vordergrundfarbe fest. Klicken Sie dazu in der Werkzeugleiste auf das Feld VORDERGRUNDFARBE EINSTELLEN und wählen Sie im FARBWÄHLER die gewünschte Farbe aus.

☑ Aktivieren Sie dann durch Anklicken das PINSEL-Werkzeug.

☑ Um die Pinselspitze zu verändern, klicken Sie auf der Optionsleiste auf den Pfeil neben der grafischen Darstellung der Werkzeugspitze. In dem herausklappenden Menü können Sie nun unter einer Vielzahl von Spitzen auswählen.

☑ Stellen Sie gegebenenfalls noch den Modus, also wie Farbe auf die im Bild vorhandenen Pixel aufgetragen werden soll, ein oder bestimmen Sie den Wert für die Deckkraft.

☑ Setzen Sie den Cursor auf das Bild, drücken Sie die Maustaste, halten sie fest und ziehen sie über das Bild, um die Farbe aufzutragen.

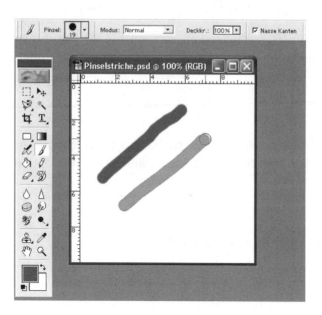

Möchten Sie einen Aquarelleffekt erzeugen, dann aktivieren Sie das Kontrollkästchen NASSE KANTEN, so dass die Farbe am Rand des Pinselstriches intensiver dargestellt wird.

Gerade Linie erwünscht?

Keine Angst, wenn Sie eine gerade Linie zeichnen wollen und es will partout nicht klappen. Klicken Sie zunächst auf die gewünschte Stelle im Bild, um einen Anfangspunkt zu setzen. Drücken Sie dann die ⊞-Taste und klicken Sie auf den Endpunkt.

11.2.2 Buntstift-Werkzeug

Das Arbeiten mit dem BUNTSTIFT-Werkzeug ähnelt der Arbeit mit dem Pinsel. Im Gegensatz dazu erzeugen Sie hier hartkantige, frei gezeichnete Linien.

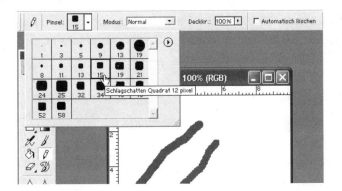

Die Einstellungsoptionen des BUNTSTIFT-Werkzeugs bieten eine Besonderheit. Wenn Sie das Kontrollkästchen AUTOMATISCH LÖSCHEN aktivieren, wird beim Malen über Bereichen, die die Vordergrundfarbe enthalten, die Hintergrundfarbe aufgetragen.

11.2.3 Airbrush

Mit dem Werkzeug AIRBRUSH können Sie ein herkömmliches Airbrush-Verfahren simulieren. Dabei werden abgestufte Farbtöne auf ein Bild sprüht, wobei die entstehenden Konturen diffuser als die mit einem Pinsel gezogenen sind.

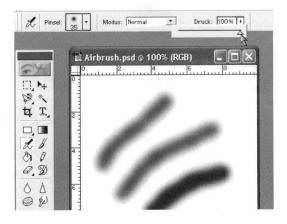

Bild 11.3:
Simulieren Sie Effekte
wie aus der Sprühdose

Über den Regler DRUCK, den Sie in der Optionsleiste finden, können Sie definieren, wie schnell die Farbe aufgesprüht wird. Wenn

Sie an einer bestimmten Stelle mehr Farbe haben möchten, dann halten Sie an dieser Stelle die Maustaste, ohne sie zu bewegen.

11.2.4 Ausradieren

Nicht immer werden Ihre Arbeiten gelingen und dann werden Sie – wie im richtigen Leben – nach einem Radiergummi suchen. Diesen gibt es in zwei Formen auch in *Photoshop Elements*.

Um das Arbeiten mit dem Radiergummi kennen zu lernen, sollten Sie zuvor eine Fläche mit dem Pinsel bearbeiten. Um beispielsweise ein Rechteck genau zu füllen, gehen Sie so vor:

☑ Aktivieren Sie das AUSWAHLRECHTECK und ziehen Sie einen Rahmen auf der Arbeitsfläche auf.

☑ Nun können Sie das Rechteck mit der Vordergrundfarbe bei aktiviertem PINSEL-Werkzeug vollständig ausfüllen, ohne Angst haben zu müssen, dass Ihre Linien nicht gerade werden.

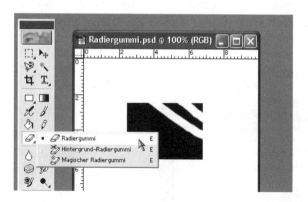

Bild 11.4:
Entfernen Sie Farben
mit dem Radiergummi

Wählen Sie anschließend das für Ihren Zweck passende RADIERGUMMI-Werkzeug aus.

☐ Verwenden Sie den RADIERGUMMI, wenn Sie die Farbe durch die Hintergrundfarbe ersetzen wollen.

☐ Nehmen Sie den MAGISCHEN RADIERGUMMI, wenn Sie die Farbe transparent setzen möchten.

☐ Mit dem HINTERGRUND-RADIERGUMMI-Werkzeug können Sie Farben auf einer Ebene durch Transparenz ersetzen. Dieses Werkzeug eignet sich hervorragend, um Grafiken für das Internet freizustellen.

11.2.5 Impressionisten-Pinsel

Wenn Sie ausdrucksvolle, stilisierte Striche malen wollen, dann verwenden Sie das IMPRESSIONISTEN-PINSEL-Werkzeug.

Je nach Einstellung der Malstil-, Präzisions-, Größen- und Toleranzoptionen können Sie hier die unterschiedlichsten Kunststile simulieren.

☑ Aktivieren Sie das Werkzeug.

☑ Nehmen Sie in der Optionsleiste die Einstellungen für die PINSEL-Spitze, den MODUS und die DECKKRAFT vor.

☑ Klicken Sie auf das Listenfeld STIL, um einen der zehn Stilrichtungen auszuwählen.

Ziehen Sie dann mit dem Cursor über das Foto, um den Effekt zu sehen.

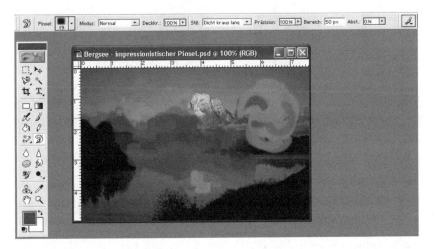

Bild 11.5:
Der IMPRESSIONISTEN-PINSEL verhilft schnell zu einem entsprechenden Gemälde

11.2.6 Füllen

In *Photoshop Elements* haben Sie verschiedene Möglichkeiten, Auswahlbereiche und Ebenen mit Farben (oder Muster) zu füllen. Dieses Prinzip haben Sie bereits in Kapitel 8, »Auswahlverfahren«, kennen gelernt.

Füllungen können Sie recht häufig einsetzen. So können Sie beispielsweise eine Füllung mit einem Malwerkzeug Objekten zuweisen und so einen weicheren Effekt erzeugen. Oder Sie füllen die Arbeitsfläche eines Bildes mit einer Farbe, damit es sich besser von der restlichen Arbeitsfläche abhebt.

Füllwerkzeug

 Das Werkzeug, welches Ihnen für diese Arbeiten zur Verfügung steht, ist das FÜLLWERKZEUG. Es füllt benachbarte Pixel, die einen ähnlichen Farbwert haben wie die Pixel, auf die Sie klicken.

Bild 11.6:
Füllen eines
Auswahlbereichs mit
der Vordergrundfarbe

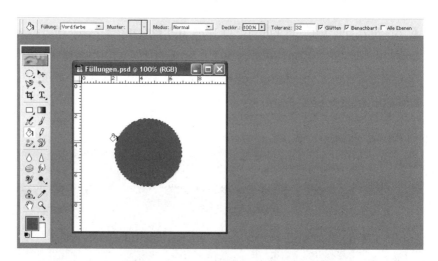

11.3 Arbeiten mit Farben

Auch wenn es sich bei *Photoshop Elements* um kein Grafikprogramm handelt, werden Sie des Öfteren mit Farben zu tun haben.

Im Folgenden werden Sie deshalb sehen, wie Sie die Werkzeuge mit den gewünschten Farben versehen können.

11.3.1 Farben auswählen

Zunächst einmal wird es für Sie wichtig sein, die vorhandenen Farben im Bild exakt fest- und dann einzustellen.

Die aktuell eingestellten Farben können Sie den Feldern VORDERGRUND- bzw. HINTERGRUNDFARBE EINSTELLEN in der WERKZEUG-Palette entnehmen.

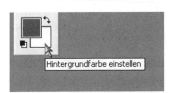

Bild 11.7:
Hier entnehmen Sie die aktuell eingestellten Farben

Interessánt sind dabei die Symbole, die sich am oberen rechten bzw. linken unteren Rand befinden:

☐ Durch Anklicken des verwinkelten Doppelpfeils können Sie die Vordergrund- und die Hintergrundfarben austauschen.

☐ Mithilfe des Schwarzweißsymbols stellen Sie die Grundeinstellung wieder her, so dass Sie als Vorderfarbe die Farbe Schwarz und für den Hintergrund die Farbe Weiß zur Verfügung haben. Diese praktische Einstellung können Sie übrigens rasch durch einen Druck der Taste ⒟ erreichen.

Um diese Einstellungen zu verändern, stehen Ihnen mehrere Möglichkeiten zur Auswahl.

Auswahl mit der Pipette

Um eine im Bild vorhandene Farbe auszuwählen, verwenden Sie am besten die PIPETTE.

☑ Aktivieren Sie zunächst das Werkzeug, indem Sie in der WERKZEUG-Palette auf das entsprechende Symbol klicken.

Wie Sie sehen, nimmt der Mauszeiger nun die Form einer Pipette an.

☑ Um nun die Vordergrundfarbe einzustellen, platzieren Sie die Pipette auf der gewünschten Farbe im Bild und klicken einmal mit der Maus.

Daraufhin ist diese Farbe als Vordergrundfarbe neu eingestellt.

Möchten Sie dagegen die Hintergrundfarbe einstellen, dann gehen Sie genauso vor. Nur halten Sie diesmal die ganze Zeit die (alt)-Taste gedrückt.

Standardmäßig erkennt die Pipette genau die Farbe eines Pixels und legt diese dementsprechend fest. Für den Fall, dass beim Arbeiten mit diesen Farben die Konturen zu stark hervortreten, können Sie aber auch die Durchschnittswerte eines Bereichs aufnehmen, um den Farbton zu bestimmen.

☑ Um einen solchen Farbton zu realisieren, klicken Sie bei aktiviertem PIPETTE-Werkzeug mit der rechten Maustaste an die Stelle, deren Farbbereich Sie aufnehmen möchten.

Es erscheint ein Kontextmenü, über dessen Einstellungen Sie einen Bereich von 3 x 3 Pixel oder 5 x 5 Pixel aufnehmen können. Möchten Sie die Grafik später im Internet platzieren, dann können Sie an dieser Stelle sogar einen websicheren (und damit in allen Browsern gleich erscheinenden) Bereich definieren.

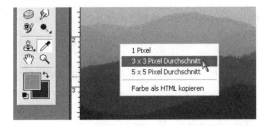

Bedenken Sie aber dabei, dass das Ergebnis eine Farbe sein kann, die zwar dem Durchschnittsbereich entspricht, aber selbst nicht im Bild existiert.

Auswahl über die Farbfelder-Palette

Sie können eine Vordergrund- und Hintergrundfarbe des Weiteren über die FARBFELDER-Palette auswählen. Hier besteht zusätzlich die Möglichkeit, Farben hinzuzufügen oder zu löschen und damit eigene Farbfeldbibliotheken erstellen.

Um mit dieser Palette die Farben einzustellen, gehen Sie ähnlich wie bei der Auswahl aus einem Bild vor. Zeigen Sie mit dem Mauszeiger über ein Feld innerhalb der Palette. Er nimmt unabhängig von dem gewählten Werkzeug die Form einer Pipette an. Zugleich erhalten Sie einen kleinen Hinweis auf den Namen der Farbe.

☑ Haben Sie Ihre Farbe gefunden, klicken Sie einmal für die Vordergrundfarbe darauf. Für die Hintergrundfarbe halten Sie zusätzlich die [alt]-Taste gedrückt.

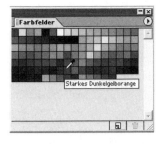

Bild 11.10:
Farben über die
FARBFELDER-Palette
auswählen (was für
eine Farbe!)

Der FARBFELDER-Palette können Sie ferner eigene Farben zuweisen.

☑ Aktivieren Sie zunächst das PIPETTE-Werkzeug.

☑ Bewegen Sie den Mauszeiger auf das Bild, welches die Farbe enthält, die Sie in die Palette aufnehmen wollen.

☑ Klicken Sie mit der Maustaste, um sie als Vordergrundfarbe einzustellen.

☑ Klicken Sie nun auf das Symbol NEUES FARBFELD AUS DER VORDERGRUNDFARBE ERSTELLEN, welches Sie am unteren Rand der FARBFELDER-Palette finden.

Bild 11.11:
Neue Farbe der
FARBFELDER-Palette
zuweisen

Die Vordergrundfarbe wird augenblicklich als neues Farbfeld in die Palette aufgenommen.

Oft ist es sinnvoll, die Farbe noch mit einem Namen zu versehen.

☑ Um ein neues Farbfeld mit einem aussagekräftigeren Namen zu versehen, klicken Sie mit der Maus doppelt darauf.

☑ In dem dann erscheinenden Dialogfenster tragen Sie den gewünschten Namen ein und bestätigen mit OK.

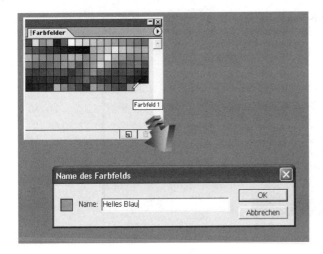

Um eine Farbe aus der Palette zu entfernen, halten Sie die ⌜Strg⌝-Taste gedrückt, während Sie auf das Farbfeld zeigen. Der Cursor nimmt während dieser Aktion die Form einer Schere an.

Alternativ können Sie aber auch die jeweilige Farbe markieren. Wenn dann das Symbol der geballten Hand erscheint, ziehen Sie es einfach auf das Abfalleimersymbol.

Auswahl über den Farbwähler

Mithilfe des FARBWÄHLERS können Sie die Farbe intuitiv oder ganz exakt durch Eingabe von Werten einstellen. Sie erhalten dieses Dialogfenster, wenn Sie einen Doppelklick auf eines der Felder VORDER- oder HINTERGRUNDFARBE ausführen.

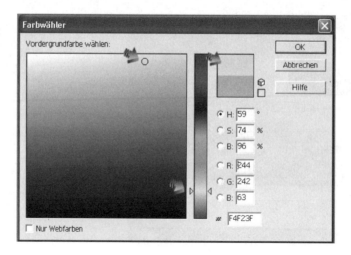

Über den vertikalen Balken in der Mitte stellen Sie zunächst den Farbbereich ein.

☑ Zeigen Sie auf die kleinen Dreiecke und ziehen Sie diese neben den gewünschten Farbbereich.

☑ Die Farbe selbst stellen Sie mithilfe der kleinen runden Markierung ein.

Das Ergebnis Ihrer Aktionen sehen Sie im oberen Farbmusterfeld.

Möchten Sie die Farben exakt einstellen, dann tragen Sie die entsprechenden numerischen Werte in die betreffenden Felder ein.

Farben für das Internet

Möchten Sie das Bild in Ihrer Webseite einbauen, dann aktivieren Sie am besten das Kontrollkästchen NUR WEBFARBEN. Sie bekommen dann nur die Farben angezeigt, die die Browser in jedem Fall unterstützen. Ist Ihnen der Hexadezimalcode der gewünschten Farbe bekannt, können Sie diese direkt in das Feld mit dem Nummernzeichen (#) eingeben.

11.3.2 Verlaufsfarben

Wünschen Sie stufenlose Übergänge zwischen der aktuellen Vordergrund- und Hintergrundfarbe? Kein Problem! *Photoshop Elements* bietet Ihnen eine Reihe von Möglichkeiten, die unterschiedlichsten Farbverläufe zu erstellen.

So stellen Sie die Verlaufsoptionen ein

Bevor Sie beginnen, Farbverläufe zu erzeugen, sollten Sie die jeweiligen Einstellungen in der Optionsleiste vornehmen.

☑ Aktivieren Sie zunächst in der Werkzeugleiste das VERLAUFSWERKZEUG, damit Ihnen die entsprechenden Einstellungsmöglichkeiten angezeigt werden.

Auf der linken Seite finden Sie ein Listenfeld, welches bereits eine Reihe von vordefinierten Farbverläufen beinhaltet. Über die Schaltfläche BEARBEITEN können Sie – wie Sie weiter unten noch sehen werden – weitere Farbverläufe erzeugen.

In den daneben liegenden fünf Feldern legen Sie die Art des Farbverlaufs fest. Sie haben hier die Auswahl zwischen LINEARER VERLAUF, RADIALVERLAUF, VERLAUFSWINKEL, REFLEKTIERTER VERLAUF und RAUTE-VERLAUF.

Über das Listenfeld MODUS legen Sie fest, ob und auf welche Weite der Farbverlauf mit der Originalfarbe kombiniert werden soll.

Die DECKKRAFT bezeichnet die Transparenz des Farbverlaufs in Prozent.

Schließlich können Sie über die Kontrollkästchen am rechten Rand noch folgende Einstellungen treffen:

☐ UMKEHREN: Tauscht Ausgangs- und Endfarbe des Farbverlaufs.
☐ DITHER: Simuliert Farben, die nicht in der Farbtabelle vorhanden sind und verhilft so zu harmonischeren Übergängen.
☐ TRANZPARENZ: Erzeugt einen Verlauf von einer Farbe zu Transparenz.

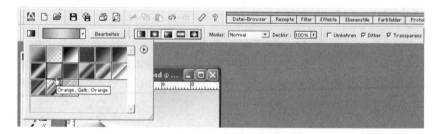

So erzeugen Sie eine Verlaufsoption

Farbverläufe können Sie beispielsweise einem Hintergrund oder einem Auswahlbereich zuweisen. Im Folgenden werden Sie Letzteres verwenden.

☑ Legen Sie eine entsprechende Datei an und versehen Sie diese mit einem Objekt, beispielsweise mit einem Kreis.

☑ Geben Sie dem Objekt eine Füllung Ihrer Wahl und legen Sie dann mit einem Auswahlwerkzeug einen Bereich fest. Um den gesamten Kreis zu maskieren, verwenden Sie am besten den ZAUBERSTAB.

☑ Wählen Sie das FARBVERLAUF-Werkzeug aus und stellen Sie die gewünschten Optionen – wie oben dargestellt – ein.

☑ Bewegen Sie dann den Mauszeiger auf den Auswahlbereich. Er erscheint als Kreuz.

☑ Klicken Sie auf den Bildbereich, an dem der Verlauf beginnen soll, um den Startpunkt festzulegen und halten Sie die Maustaste gedrückt.

☑ Ziehen Sie nun in die Richtung, die der Verlauf nehmen soll. Haben Sie den vorgesehenen Endpunkt erreicht, lassen Sie die Maustaste los.

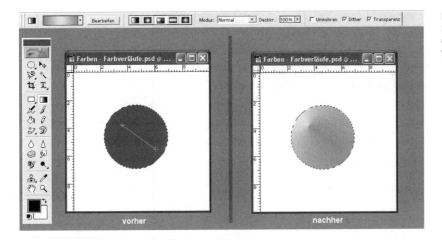

Der Verlauf wird daraufhin sofort erstellt.

So erzeugen Sie komplexe Verlaufsoptionen

Neben den standardmäßig vorgegebenen Verläufen können Sie auch eigene Verläufe nach Ihren Vorstellungen erstellen.

☑ Wenn Sie beispielsweise den im vorherigen Abschnitt verwendeten Verlauf abwandeln wollen, klicken Sie in der Optionsleiste auf die Schaltfläche BEARBEITEN.

Es erscheint das Dialogfenster VERLÄUFE BEARBEITEN. Als Erstes sollten Sie Ihren neuen Verlauf benennen.

☑ Klicken Sie dazu in das Feld NAME. Löschen Sie den vorhandenen Namen und geben einen entsprechend aussagekräftigen neuen Namen ein.

☑ Um nun die Farben des Verlaufs zu ändern, klicken Sie doppelt auf einen der Farbverläufe-Regler unterhalb des Farbverlaufbalkens.

Zum einen wird dadurch die Farbe in das Feld FARBE aufgenommen und Sie können später deren POSITION bestimmen. Zum anderen erscheint das Ihnen bekannte Dialogfenster FARBWÄHLER, in dem Sie die gewünschte Farbe einstellen können.

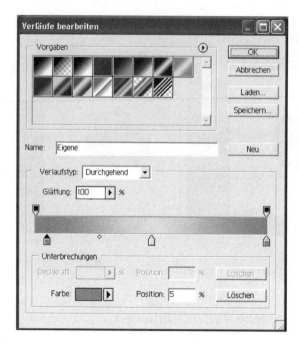

Die kleine Raute zwischen Reglerpunkten markiert übrigens den Verlaufsmittelpunkt und kann gegebenenfalls verschoben werden.

Möchten Sie dem Verlauf weitere Farbe hinzufügen, dann zeigen Sie unterhalb des Farbbalkens an die gewünschte Position. Erscheint der Mauszeiger als Zeigefinger, klicken Sie einmal. Daraufhin erscheint ein neuer Reglerpunkt, denn Sie ebenfalls nach Ihren Vorstellungen verändern können.

Nicht benötigte Farben ziehen Sie bei gedrückter Maustaste einfach aus dem Dialogfenster oder klicken, nachdem Sie diese markiert haben, auf die Schaltfläche LÖSCHEN.

Mit den beiden Reglern, die sich oberhalb des Farbverlaufbalkens befinden, stellen Sie die Transparenz innerhalb des Farbverlaufs ein.

Da Farbverläufe zu dem so genannten Treppcheneffekt neigen, sollten Sie schließlich noch einen entsprechenden Wert im Feld GLÄTTUNG angeben.

Sind alle Einstellungen nach Ihren Vorstellungen, dann schließen Sie das Dialogfenster mit einem Klick auf OK und schon steht Ihnen Ihr neuer Farbverlauf zur Verfügung.

11.4 Zeichnen

Um eigene Formen in einem Bild zu platzieren, können Sie das passende Werkzeug aus insgesamt sechs Formen auswählen. Allen gemeinsam ist, dass es sich dabei um Vektorobjekte handelt.

Die so erstellten Formen werden von *Photoshop Elements* automatisch auf einer eigenen Ebene angelegt und erhalten stets die eingestellte Vordergrundfarbe als Füllung.

☑ Um an sie zu gelangen, klicken Sie auf den kleinen schwarzen Pfeil am rechten Rand des Werkzeugs RECHTECK.

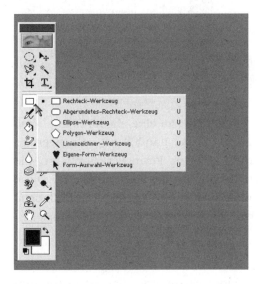

Bild 11.17:
Parade aller
Zeichenwerkzeuge

11.4.1 So zeichnen Sie Formen

Im Prinzip werden alle Formen auf die gleiche Art und Weise erzeugt: Sie bestimmen mit dem ersten Mausklick den Ausgangspunkt, bewegen dann den Mauszeiger in diagonaler Richtung und lassen ihn am Endpunkt los.

☑ Legen Sie mithilfe des Werkzeugs RECHTECK ein gelbes Rechteck an. Die Größe, Position und die Form spielt dabei keine Rolle. Sie können sie jederzeit nachträglich ändern.

☑ Öffnen Sie dann die EBENEN-Palette durch Anklicken oder ziehen Sie sie aus dem Ebenenraum heraus.

Bild 11.18:
Objekte werden auf einer eigenen Ebene platziert

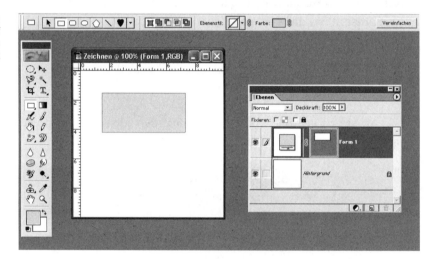

Photoshop Elements hat für die neue Form eine eigene Ebene, eine so genannte FORMEBENE angelegt. Dabei handelt es sich in erster Linie um eine Füllebene, die mit einer Form verknüpft ist. Sie erkennen dies an dem Kettensymbol in der EBENEN-Palette. Diese beiden Elemente haben unterschiedliche Aufgaben: Die Füllebene bestimmt die Farbe der Form, die Formebene eben das Aussehen der gezeichneten Figur.

Jede neue Form wird nun auf einer eigenen Ebene erstellt. Möchten Sie mehrere Formen auf einer Ebene erstellen, dann müssen Sie so vorgehen:

☑ Wählen Sie zunächst auf der EBENEN-Palette die Ebene aus, die alle Formen enthalten soll.

☑ Aktivieren Sie das Werkzeug für die neue Form.

Die entscheidende Einstellung treffen Sie nun in der Optionspalette. Sie müssen nämlich vor dem Zeichnen eine Formbereichsoption festlegen, wie mit dem Überlappungsbereich von Formen verfahren werden soll.

Dazu stehen Ihnen folgende Varianten zur Verfügung:

☐ DEM FORMBEREICH HINZUFÜGEN: In diesem Fall wird der neue Bereich der bestehenden Form hinzugefügt.

☐ VOM FORMBEREICH SUBTRAHIEREN: entfernt den neuen Bereich von den bestehenden Formen.

☐ SCHNITTMENGE VON FORMBEREICHEN: Beschränkt den Bereich auf die Schnittmenge des neuen Bereichs mit den bestehenden Formen.

☐ ÜBERLAPPENDE FORMBEREICHE AUSSCHLIEßEN: Schließt den Überlappungsbereich in den vereinten neuen und bestehenden Bereichen aus.

So passen Sie die Werkzeuge an

Neben den unmittelbar in der Optionsleiste angezeigten Funktionen verfügen die einzelnen Werkzeuge über weitere Funktionen, die in den GEOMETRIE-OPTIONEN eingestellt werden.

☑ Wählen Sie ein Werkzeug (wenn Sie das Beispiel nachvollziehen wollen, das Werkzeug RECHTECK) aus.

☑ Klicken Sie dann auf das Symbol GEOMETRIE-OPTIONEN, um an die Einstellungen zu gelangen.

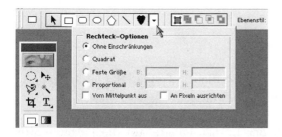

Bild 11.19:
Die weiteren Optionen stellen Sie über die Geometrieeigenschaften ein

Je nach gewählter Werkzeugart finden Sie hier Einstellungen, mit denen Sie das Werkzeug näher definieren können.

Von besonderer praktischer Bedeutung sind die Optionen FESTE GRÖßE und PROPORTIONAL, die es Ihnen ermöglichen, Figuren mit gleich bleibenden Ausmaßen zu zeichnen.

 Wenn Sie das Werkzeug LINIEN wählen, können Sie an dieser Stelle festlegen, ob und an welcher Stelle diese Pfeilspitzen enthalten sollen.

Besondere Formen können Sie mit dem Werkzeug EIGENE FORM erstellen. Wenn Sie dieses Werkzeug aktivieren, dann erscheint in der Optionsleiste das Feld FORM. Klicken Sie auf dessen Listenpfeil, um an die weiteren Formen zu gelangen. Diese wählen Sie einfach durch Anklicken aus und können dann in gewohnter Form diese auf das Bild bringen.

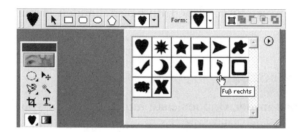

Bild 11.20:
Und wo bleibt
der linke Fuß?

11.4.2 Bearbeiten von Formen

Wie Sie gesehen haben, können Sie mit ein paar Mausklicks die herrlichsten Formen erstellen. Nicht immer wird das allerdings auf Anhieb klappen und dann werden Sie die folgenden Schritte zum Bearbeiten von bereits angelegten Formen zu schätzen wissen.

So ändern Sie die Farbe

Möchten Sie die Farbe aller Formen auf einer Ebene ändern, so können Sie das recht einfach bewältigen.

☑ Doppelklicken Sie in der EBENEN-Palette auf die Farbminiatur der Formebene. Es erscheint der FARBWÄHLER und Sie müssen nur noch eine neue Farbe auswählen.

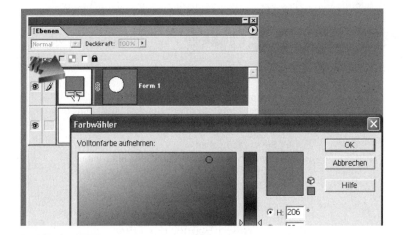

Bild 11.21:
Ändern Sie die Objekt-
farbe aller Formen auf
einen Schlag

Wenn Sie den FARBWÄHLER schließen, werden alle Objekte mit der neuen Farbe versehen.

So verschieben Sie eine Form

Enthält eine Ebene mehrere Formen, dann lassen sich diese alle gleichzeitig mit dem VERSCHIEBEN-Werkzeug verschieben. Befindet sich nur eine Form auf der Ebene, ist deren Verschieben problemlos möglich.

☑ Aktivieren Sie das Werkzeug und ziehen Sie die Form bzw. Formen an eine neue Position.

So vereinfachen Sie eine Formebene

Wenn Sie eine Farbe auf einer Form auftragen oder einen Filter auf sie anwenden wollen, müssen Sie die Ebene vereinfachen. Dabei wird die Formebene in eine reguläre Rasterebene umgewandelt.

☑ Wählen Sie in der EBENEN-Palette zuerst die betreffende Formebene aus.

☑ Rufen Sie dann EBENE ♦ EBENE VEREINFACHEN auf oder klicken Sie in der Optionsleiste auf die Schaltfläche VEREINFACHEN, die Sie auf der äußersten rechten Seite finden.

12 Effekte ohne Ende

Sie möchten beeindruckende Bilder erstellen,
die bei dem Betrachter einen Aha-Effekt hervorrufen? Dann sind Sie in diesem Kapitel richtig.

Sie werden sehen,
□ wie man verblüffende Bildeffekte erzielt und
□ wie man mit Texteffekten die langweiligsten
   Bilder aufpeppen kann.

Effekte sind sozusagen die großen Brüder der Filter. Mit ihrer Hilfe
können Sie durch die automatische Abfolge von Filtern, Ebenenstilen und/oder Programmfunktionen komplexe Effekte erzielen,
die Sie sonst nur durch die Anwendung sehr vieler Einzelschritte
erhalten würden.

Eng verflochten mit den Effekten sind die Ebenenstile. Mit Ebenenstilen können Sie auf den Inhalt einer Ebene schnell Effekte
anwenden. *Photoshop Elements* stellt Ihnen eine Reihe recht inte-
ressanter vordefinierter Ebenenstile zur Verfügung, die Sie einfach
mit einem Mausklick anwenden.

12.1 Effekte

Über die EFFEKTE-Palette können Sie auf eine Vielzahl von Effekten
zugreifen.

Bild 12.1:
Photoshop Elements
stellt Ihnen eine Reihe
von Effekten zur
Verfügung

12.1.1 Strukturen

Interessante Hintergründe kann man immer gebrauchen – gleich ob man eine Grafik verschönern möchte oder ein Hintergrundbild für eine Webseite benötigt. Sie können großen Eindruck schinden, wenn Ihre Bilder so aussehen, als ob Sie auf marmoriertem Glas oder Rosenholz gemalt wären.

Für solche Zwecke bietet Ihnen *Photoshop Elements* die so genannten Strukturen an, die Sie an erster Stelle der Liste in der EFFEKTE-Palette finden.

Neue Hintergrunddatei anlegen

Bevor sie einen Hintergrund erstellen, müssen Sie zunächst wieder ein neues Dokument anlegen.

☑ Rufen Sie dazu DATEI ♦ NEU auf.

☑ Nehmen Sie in dem erscheinenden Dialogfenster die benötigten Einstellungen vor.

Keiner besonderen Aufmerksamkeit müssen Sie hierbei den Einstellungen im Rahmen INHALT zuwenden, denn Sie werden den Hintergrund mit einer Struktur auffüllen.

Nach dem Bestätigen mit OK wird das neue Dokument erstellt und Sie können loslegen.

Struktur zuweisen

Da bei einer Hintergrunddatei das gesamte Bild mit einer Struktur versehen werden soll, darf sich auf diesem kein ausgewählter Bereich befinden.

☑ Wählen Sie einfach in der EFFEKTE-Palette einen Effekt aus und

☑ klicken dann auf die Schaltfläche ZUWEISEN. Alternativ können Sie den Effekt auch einfach auf die Bilddatei ziehen.

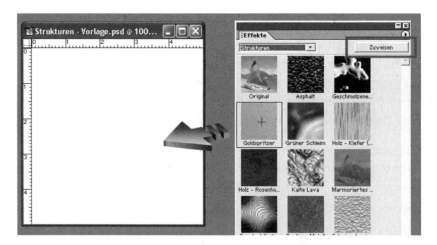

Bild 12.2:
Ziehen Sie die gewünschte Struktur einfach auf die Datei

Sie erhalten dann ein Hinweisfenster, welches von Ihnen wissen möchte, ob Sie den Effekt beibehalten möchten. Klicken Sie in diesem auf JA, wenn das der Fall ist oder auf NEIN, um den Effekt nicht zu verwenden.

Der Effekt wird in dem ersten Fall angewandt, im zweiten dagegen nicht.

Zuweisen eines Effekts rückgängig machen

Verzagen Sie nicht, wenn auf einen Klick auf die Schaltfläche SCHRITT ZURÜCK HIN vermeintlich nichts passiert. Um Effekte aus mehreren Aktionen rückgängig zu machen (z. B. den Effekt GOLD-SPRITZER), müssen Sie mehrmals den Befehl SCHRITT ZURÜCK wählen, damit alle Aktionen gelöscht werden.

12.1.2 Texteffekte

Photoshop Elements bietet Ihnen des Weiteren eine Reihe von Möglichkeiten, um interessante Texteffekte zu erstellen. So können Sie beispielsweise das Startbild für eine Foto-CD mit dem Schriftzug `Urlaub 02` versehen.

Texte eingeben

☑ Öffnen Sie wie gewohnt eine Bilddatei, die Sie mit einem Schriftzug versehen wollen.

☑ Aktivieren Sie das TEXTWERKZEUG.

Mit diesen Textwerkzeugen, können Sie Bilder mit Texten versehen. Ob Sie sich für das horizontale oder das vertikale entscheiden, kommt auf den Zweck an.

Wenn Sie ein Textwerkzeug auswählen, werden auf der Optionsleiste verschiedene Optionen zum Erstellen von Text angezeigt. Diese entsprechen weitgehend denen einer gewöhnlichen Textverarbeitung.

☑ Stellen Sie gegebenenfalls eine Schriftfamilie und den Schrift-grad ein und klicken Sie dann auf das Bild.

Dadurch wird das Werkzeug in den Bearbeitungsmodus gesetzt und Sie können sofort den Text eingeben.

☑ Geben Sie den Text, z. B. `Urlaub 02`, ein.

☑ Um die Eingabe abzuschließen, müssen Sie diese bestätigen, um weitere Vorgänge ausführen zu können. Dazu klicken Sie am einfachsten auf der Optionsleiste auf die Schaltfläche AKTUELLE BEARBEITUNGEN BESTÄTIGEN.

Bild 12.4:
Die Eingabe muss
bestätigt werden

Effekt zuweisen

Wie Sie der EBENEN-Palette entnehmen können, haben Sie eine neue Ebene, eine Textebene, erstellt. Eine solche Ebene können Sie wie eine normale Ebene verschieben, neu stapeln, kopieren und die Ebenenoptionen nach Ihren Vorstellungen ändern.

Diese Ebene können Sie sehr schön im Bild erkennen, wenn Sie mit dem VERSCHIEBEN-Werkzeug auf den Textbereich klicken. Dann wird nämlich um den ausgewählten Text ein Begrenzungsrahmen angezeigt, sofern auf der Optionsleiste das Kontrollkästchen BEGRENZUNGSRAHMEN EINBLENDEN aktiviert ist.

Das Zuweisen eines Texteffektes läuft nun im Prinzip wie das Zuweisen einer Struktur ab.

☑ Wählen Sie in der EFFEKTE-Palette den Eintrag TEXTEFFEKTE aus.

☑ Klicken Sie dann auf die Schaltfläche ZUWEISEN oder ziehen Sie den Effekt auf die Bilddatei.

Photoshop Elements weist dann augenblicklich den Effekt zu und Sie können schon einmal das Ergebnis betrachten.

☑ Sagt es Ihnen zu, dann klicken Sie in dem Hinweisfenster auf JA.

Ist das nicht der Fall, dann wählen Sie NEIN, woraufhin *Photoshop Elements* alle Änderungen zurücknimmt und Sie das Ausgangsbild wieder vor sich haben.

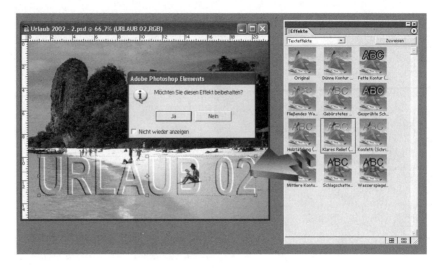

Texte verformen

Über das eigentliche Zuweisen eines Texteffektes hinaus, können Sie Textobjekten ein recht interessantes Aussehen mithilfe der Option TEXT VERKRÜMMEN verleihen. Durch diese Option können Sie vielfältige Formen wie beispielsweise Bogen- oder Wellenformen gestalten. Die so vorgenommenen Veränderungen gelten für alle Zeichen auf einer Textebene.

 ☑ Wählen Sie zunächst die Textebene aus, die Sie bearbeiten wollen und aktivieren Sie ein Textwerkzeug.

☑ Erstellen Sie entweder einen neuen Text oder klicken Sie in den vorhandenen.

☑ Klicken Sie dann in der Optionsleiste auf die Schaltfläche VERKRÜMMTEN TEXT ERSTELLEN oder rufen Sie EBENE ◆ TEXT ◆ TEXT VERKRÜMMEN auf.

☑ In dem Dialogfenster TEXT VERKRÜMMEN wählen Sie zunächst einen Stil aus, der Ihren Vorstellungen entspricht und legen gegebenenfalls noch Werte für weitere Verkrümmungsoptionen fest.

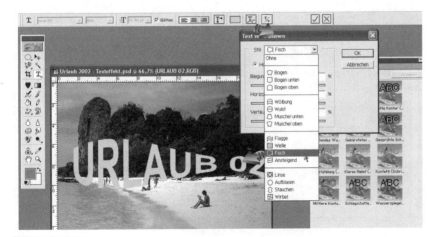

☑ Sind alle Einstellungen Ihren Wünschen gemäß, klicken Sie nur noch auf OK, um den Effekt zuzuweisen.

12.1.3 Bildeffekte

Die dritte Kategorie, die Sie in der EFFEKTE-Palette vorfinden, sind die BILDEFFEKTE. Damit lassen sich schnell und einfach verblüffende Effekte erzielen.

Haben Sie beispielsweise ein Bild bei strahlendem Sonnenschein geschossen, können Sie es mit ein paar Mausklicks schneien lassen.

☑ Öffnen Sie das Bild, welchem Sie den Effekt zuweisen wollen.

Nachdem Sie in der EFFEKTE-Palette aus dem Listenfeld den Eintrag BILDEFFEKTE eingestellt haben, müssen Sie nur noch in der Liste den entsprechenden Eintrag suchen.

☑ Klicken Sie auf SCHNEESTURM, um diesen Effekt zuzuweisen und betätigen Sie die Schaltfläche ZUWEISEN. Sie können aber auch gleich den Effekt bei gedrückter Maustaste auf das Bild ziehen.

12.1.4 Rahmen

Rahmen geben Bildern sehr oft erst die besondere Note. Mit *Photoshop Elements* können Sie Ihre Bilder sehr schnell mit einem passenden Rahmen versehen und so beispielsweise die Bilder einer Foto-CD aufpeppen.

☑ Wenn Sie das entsprechende Bild geöffnet haben, aktivieren Sie zunächst im Listenfeld der EFFEKTE-Palette den Eintrag RAHMEN.

☑ Auch hier ziehen Sie einfach den Effekt auf das Bild oder klicken, nachdem Sie ihn markiert haben, auf die Schaltfläche ZUWEISEN.

Auswahlrahmen erforderlich?

Einige Effekte, wie beispielsweise VIGNETTE, benötigen einen Auswahlrahmen. Das Programm weist Sie darauf hin, wenn Sie den Effekt anwenden wollen. In einem solchen Fall aktivieren Sie eines der Auswahlwerkzeuge und erstellen zuvor einen solchen Rahmen.

Das Ergebnis wird Sie in jedem Fall für manche Mühen entschädigen!

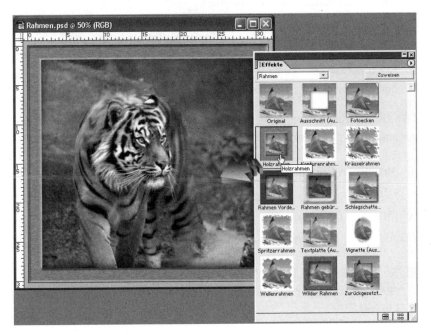

12.2 Ebenenstile

Mit Ebenenstilen können Sie Effekte, wie beispielsweise einen Schlagschatten oder abgeflachte Kanten auf den Inhalt einer Ebene anwenden. Des Weiteren können Sie recht einfach sehr komplexe Effekte erstellen, indem Sie einer Ebene mehrere Stile zuweisen.

Die EBENENSTILE finden Sie in der gleichnamigen Palette.

☑ Ziehen Sie diese zu Beginn der Arbeiten aus dem Palettenraum heraus.

So erstellen Sie ein Schaltfläche

Ebenenstile können Sie beispielsweise dazu verwenden, um interessante Schaltflächen zu erstellen.

☑ Legen Sie mit DATEI ◆ NEU eine neue Datei an.

☑ Stellen Sie in der Werkzeugleiste über das Feld VORDER-GRUNDFARBE EINSTELLEN die Farbe der Schaltfläche ein.

Die Schaltfläche legen Sie beispielsweise mithilfe des Werkzeugs ABGERUNDETES-RECHTECK-WERKZEUG an.

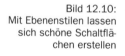

☑ Aktivieren Sie das ZEICHENWERKZEUG und ziehen Sie ein Rechteck auf.

Wählen Sie dann in der EBENENSTILE-Palette aus dem Listenfeld einen Stil, z. B. GEWELLTE KANTE, aus.

☑ Suchen Sie sich in der Liste einen passenden Stil aus und klicken darauf oder Sie ziehen einfach den Stil in das Dokumentfenster.

Dieser Stil wird daraufhin dem Rechteck zugewiesen.

Bild 12.10:
Mit Ebenenstilen lassen sich schöne Schaltflächen erstellen

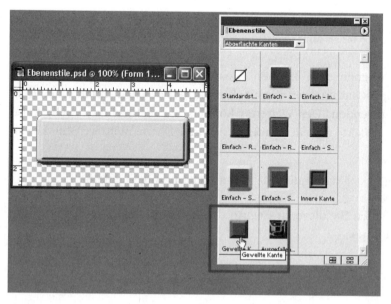

Wünschen Sie noch weitere Veränderungen, dann können Sie weitere Stile auf die jeweiligen Ebeneninhalte anwenden, indem Sie weitere Stile darauf ziehen. So können Sie der Schaltfläche beispielsweise noch einen Schlagschatten zuweisen.

So werten Sie ein Foto auf

Mithilfe von Ebenenstilen können Sie Ihre Fotos rasch aufwerten. Möchten Sie beispielsweise Ihrer oder Ihrem Angebeteten sagen, wie viel sie oder er Ihnen bedeutet, dann können Sie das mit *Photoshop Elements* auf eindrucksvolle Weise erreichen.

☑ Suchen Sie zunächst ein passendes Foto aus und öffnen Sie es.

☑ Aktivieren Sie dann das EIGENE-FORM-WERKZEUG und stellen Sie die Herzform ein.

☑ Ziehen Sie mit diesem Werkzeug ein Herz auf dem Foto auf.

Wenn Sie die EBENEN-Palette betrachten, werden Sie feststellen, dass Sie eine neue Ebene angelegt haben.

☑ Wählen Sie in der EBENENSTILE-Palette den Eintrag SCHEIN NACH INNEN aus und weisen Sie dem Herz den Stil FEUER zu.

☑ Wechseln Sie zu dem Stil GLAS-SCHALTFLÄCHEN und weisen Sie zusätzlich den Stil ORANGES GLAS zu.

Bild 12.11:
Mit den GLAS-
SCHALTFLÄCHEN-Stilen
können Sie eindrucks-
volle Objekte gestalten

Als Nächstes folgt noch der Text.

☑ Aktivieren Sie das HORIZONTALE TEXTWERKZEUG und bewegen Sie es auf das Bild.

☑ Tippen Sie ein großes I ein.

☑ Markieren Sie es und weisen Sie ihm den Stil ORANGES GLAS zu.

Photoshop Elements hat diesen Buchstaben – wie Sie bereits wissen – auf eine Textebene eingefügt, so dass Sie diesen mit dem VERSCHIEBEN-Werkzeug an die richtige Stelle bringen können.

☑ Aktivieren Sie das VERSCHIEBEN-Werkzeug und platzieren Sie den Buchstaben links von dem Herz.

Sollte er sich unter dem Herz befinden, dann müssen Sie die Ebenen in der EBENEN-Palette neu anordnen.

☑ Markieren Sie die Ebene, auf der sich der Buchstabe befindet und

☑ ziehen Sie diese bei gedrückter linker Maustaste über die Ebene mit der Herzform.

☑ Dort lassen Sie die Maustaste einfach los und schon befindet sich der Buchstabe vor dem Herz.

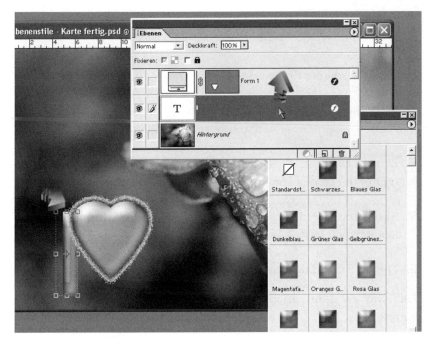

Bild 12.12:
Tauschen Sie nötigen-
falls die Ebenen aus

Für den zweiten Buchstaben können Sie nun wie eben gezeigt vorgehen, es gibt aber noch einen schnelleren Weg.

☑ Klicken Sie mit der rechten Maustaste in der EBENEN-Palette auf die Ebene mit dem Buchstaben 🗎.

☑ Im Kontextmenü finden Sie einen Eintrag EBENE DUPLIZIEREN, den Sie auswählen.

Bild 12.13:
Ebenen lassen sich
einfach duplizieren

Dadurch wird eine Kopie erstellt.

☑ Falls Sie es wünschen, können Sie in dem Dialogfenster einen Namen vergeben, ansonsten bestätigen Sie mit OK.

☑ Ziehen Sie nun diese Ebene mit dem Verschieben-Werkzeug rechts neben das Herz.

☑ Aktivieren Sie dann das Textwerkzeug und führen Sie einen Doppelklick in das Textobjekt aus.

☑ Tippen Sie auf die Taste Y, um den Buchstaben zu ersetzen.

Das war es dann auch schon. Ging doch echt einfach – nicht wahr?

Wenn Sie dieses Bild nun noch auf einen etwas festeren Karton ausdrucken, haben Sie eine Karte, die ihresgleichen sucht.

Bild 12.14:
Die fertige Karte

Index

N

O

P

R

S

Z

Neu am PC? Alles ziemlich kompliziert? Das kann sich ganz schnell ändern:
Hier erfahren Sie alles Wesentliche über das Innenleben Ihres Computers,
über Windows, über das Internet und über die wichtigsten Programme.
Dieses Buch wird Ihnen Spaß machen - und das Arbeiten am PC anschließend auch!

PC-Grundlagen

ISBN 3-7723-**6535-3**

€ **14,95**

Besuchen Sie uns im Internet – www.franzis.de

Natascha Nicol

Word 2002

echt einfach

Das kinderleichte Computerbuch

inklusive CD

Word 2002 bietet ein ganzes Feuerwerk an Funktionen. Doch nutzen Sie wirklich alle Features voll aus? Mit klaren Worten und viel Humor erklärt die Autorin Schritt für Schritt alles, was Sie wirklich brauchen. Optisch perfekte Briefe gestalten, Bilder und Tabellen einbinden, Dokument- und Formatvorlagen erstellen – alles kein Problem mehr. Sogar Serienbriefe verlieren ihren Schrecken. Und Sie werden staunen, wie Ihnen die neuen Smart-Tags das Leben erleichtern. Mit diesem Buch wird die Arbeit mit Word 2002 zum puren Vergnügen!

Word 2002

ISBN 3-7723-**6597**-3

€ **15,31**

Besuchen Sie uns im Internet – www.franzis.de

Natascha Nicol/Ralf Albrecht (Hrsg.)

PalmPilot

echt einfach

Das kinderleichte Computerbuch

Franzis'

inklusive CD

Wächst Ihnen Ihr Terminkalender über den Kopf? Wird Ihnen die Adressverwaltung zu mühselig? Möchten Sie Mails auch unterwegs lesen? Dann wird es Zeit über die Anschaffung eines PalmPilot nachzudenken. Der elektronische Assistent ersetzt nicht nur den Taschenkalender, er nimmt Ihnen auch jede Menge Arbeit ab. Dieses Buch hilft Ihnen, sich schnell und mühelos auf dem Palm zurechtzufinden – und den kleinen Assistenten voll auszureizen.

PalmPilot

ISBN 3-7723-**6515-9**

€ **15,31**

echt einfach
die kinderleichten Computerbücher

Windows XP
Cornelia Nicol
ISBN 3-7723-6586-8

LaTeX
Roland Willms
ISBN 3-7723-6599-X

PalmPilot
Jakob Friedrichs
ISBN 3-7723-6515-9

Windows Me
Cornelia Nicol
ISBN 3-7723-6834-4

Lotus Notes 5
Angelika Klein
ISBN 3-7723-7344-5

Internet
Thomas Griffith
Jochen Franke
ISBN 3-7723-7984-2

Windows 2000
Cornelia Nicol
ISBN 3-7723-7715-7

C++
Oliver Böhm
ISBN 3-7723-7525-1

**Suchen und Finden
im Internet**
Thomas Griffith
ISBN 3-7723-6296-9

Word 2002
Natascha Nicol
ISBN 3-7723-6597-3

Java Script
Christoph Drieschner
ISBN 3-7723-6517-5

Webseiten gestalten
Cornelia Nicol
ISBN 3-7723-6044-0

Excel 2002
Helga Jarai
ISBN 3-7723-6587-6

Java
Roland Willms
ISBN 3-7723-7165-5

**Dynamische Webseiten
mit PHP 4**
Jochen Franke
ISBN 3-7723-6586-8

Access 2002
Angelika Klein
ISBN 3-7723-6589-2

Visual Basic 6
Natascha Nicol
ISBN 3-7723-7415-8

Flash 5
Michaela Zocholl
ISBN 3-7723-7254-6

Outlook 2002
Axel Bornträger
ISBN 3-7723-6588-4

**Programmieren mit
Access 2002**
Axel Bornträger
ISBN 3-7723-6566-3

Dreamweaver 4
Michaela Zocholl
ISBN 3-7723-6574-4

PowerPoint 2002
Helga Jarai
ISBN 3-7723-7994-X

Linux SuSE 7
Stefan Fellner
ISBN 3-7723-6116-1

HTML 4
Cornelia Nicol
ISBN 3-7723-7354-2

StarOffice 5.2
Karin Rinne
ISBN 3-7723-6585-X

CorelDraw! 10
Winfried Seimert
ISBN 3-7723-7675-4

Webauftritt
Jochen Franke
Thomas Griffith
Andreas Schwarzenhölzer
ISBN 3-7723-6044-0